NARCISO EM SACRIFÍCIO

Fernando Paixão

NARCISO EM SACRIFÍCIO
A poética de Mário de Sá-Carneiro

Ateliê Editorial

Copyright © 2003 by Fernando Paixão

Direitos reservados e protegidos pela Lei 9.610 de 19.02.98.
É proibida a reprodução total ou parcial sem autorização,
por escrito, da editora.

ISBN 85-7480-191-7

Direitos reservados à
ATELIÊ EDITORIAL
Rua Manoel Pereira Leite, 15
06709-280 – Granja Viana – Cotia – SP
Telefax (11) 4612-9666
www.atelie.com.br
e-mail: atelie_editorial@uol.com.br
2003

Impresso no Brasil
Foi feito depósito legal

Ao
Paulo Rogério Teixeira de Souza,
in memoriam.

De que serve uma sensação se há
uma razão exterior para ela?
ÁLVARO DE CAMPOS

Sumário

Nota preliminar...9

Da sensação como um valor: *Orpheu*...........................11

I. Do desejo de "ser-outro".................................21

II. Da ansiedade sensacionista.............................39

III. Da vertigem de Narciso................................57

IV. Da poesia em estado de vivência........................75

V. Da multiplicação dos sentidos (1).......................91

VI. Da multiplicação dos sentidos (2).....................103

Do ritual de si mesmo.....................................119

Posfácio..133

Nota preliminar

Porque um olhar descido sobre qualquer poética é sempre uma exigência ao olho, diga-se desde logo que este é um olhar que não recusa a aderência ao texto. O "olho crítico" não está aqui mobilizado para fundamentar distâncias, cerrar conceitos que alienem a posição nascente da poesia. Mas, também, não há recusa em "olhar de fora" o que o poeta, pela força acionada nos poemas, insiste em trazer para dentro das imagens.

Ler uma poética é observar um movimento. Tomar atenção ao seu curso, aderir o olho ao caminho das palavras, ao volteio das imagens, termina por ampliar o fascínio pela escuta dos textos. Este ponto de vista, portanto, nada mais é: uma aprendizagem que segue o esforço da elucidação – pois envolvendo com um olhar o olho do poeta somos também levados a olhar *com* ele.

Da sensação como um valor: Orpheu

Vista da Rua da Prata no final do século XIX (in Marina Tavares Dias, Mário de Sá-Carneiro – Fotobiografia, *Lisboa, Quimera, 1988. Dessa obra foram extraídas todas as ilustrações que aparecem neste livro).*

Da sensação como um valor: Orpheu

O Esfinge Gorda, assim costumava ser chamado entre os amigos o poeta Mário de Sá-Carneiro. Ele mesmo recorreu a esses termos num poema em que se autoqualificou (sabe-se lá com que sentimentos) como o "balofo arrotando Império astral, / O mago sem condão, o Esfinge Gorda"[1]. Era de fato um cognome adequado, pois servia para designar o homem – notável pelos traços delicados, mas desconfortável com o próprio corpo – ao mesmo tempo que resumia numa só expressão o paradoxo de sua ambição literária.

Contemporâneo dos primeiros ventos modernistas que chegavam a Portugal no início do século, tornou-se um dos pioneiros a empreender em língua portuguesa uma poética radical, afinada com o espírito crítico da modernidade. Tendo trocado Lisboa por Paris em 1912, quando contava com apenas 22 anos de idade, teve na capital francesa a oportunidade de acompanhar de perto a efervescência vanguardista, principalmente as discussões e polêmicas envolvendo o cubismo de Picasso e o futurismo de Marinetti.

---

1. Versos do poema "Aqueloutro", em Mário de Sá-Carneiro, *Poesias*, Lisboa, Edições Ática, 1953, pp. 166-167.

13

Sua preocupação maior, no entanto, voltava-se para a tradição portuguesa, pois era no contexto da poética de seu país que pretendia intervir. Sintoma dessa estreita ligação com Portugal, chegou a manter – até o ano de seu suicídio, em 1916 – uma ativa correspondência com os amigos lisboetas (sobretudo com o parceiro mais próximo, Fernando Pessoa), em cujas páginas confidenciava um estado de ânimo inconstante, transcrevia poemas inéditos, dispunha dúvidas e opinava sobre os temas da criação.

Convicto de que a sua geração era "mais complicada, creio, e mais infeliz"[2], como confidenciou em carta ao autor de "Mensagem", Sá-Carneiro entregou-se a uma trajetória curta e fulminante, impulsionado pela obsessão na busca de horizontes novos para a expressão poética. Favorecia esse espírito renovador a difícil situação política por que passava Portugal havia algum tempo, marcada por um ambiente de acirrada disputa entre os monarquistas que detinham o poder (representantes de uma estrutura social arcaica) e os republicanos, ansiosos por outra realidade política.

Em carta de 1908 ao amigo espanhol Miguel de Unamuno, o escritor Teixeira de Pascoaes referia-se com desalento ao período: "Neste momento, Portugal é um mistério. É impossível a gente calcular o que virá a ser dele. É uma Pátria que a noite envolve, entregue aos morcegos e às aves agoureiras. Aqui não se vê um palmo adiante do nariz; tudo é confusão e sombra"[3].

---

2. Mário de Sá-Carneiro, *Cartas a Fernando Pessoa*, Lisboa, Edições Ática, 1973, vol. 1, p. 35.

3. Joaquim Pereira Teixeira de Pascoaes & Miguel de Unamuno, *Cartas de Pascoaes e Unamuno*, Lisboa, Câmara Municipal de Nova Lisboa, 1957, p. 7.

Da sensação como um valor: Orpheu

Em 1910, depois de uma onda de sucessivas disputas, as forças republicanas culminaram vitoriosas. Mas a troca de regime não representou efetiva mudança de rumo para a sociedade. Apesar da reforma institucional, permaneciam os conflitos de uma nação que havia pouco se libertara da tutela inglesa e ingressara com desvantagem na corrida pela colonização da África e da Ásia. Também as cidades começavam a desfrutar as primeiras novidades da nascente industrialização.

Paralelamente, no âmbito cultural predominava uma situação de impasse. A seu modo, as discussões literárias daquele momento refletiam um contexto de inquietude, apresentando um evidente confronto entre diferentes visões da identidade portuguesa e de seu destino. Coerente com tal multiplicidade, havia desde o esteticismo formal característico do estilo simbolista de Eugênio de Castro até a expressão tradicional e ligada ao popular encontrada em Bernardo de Passos ou Mário Beirão. Em meio a um clima de debate, cada escritor ou grupo procurava defender valores estéticos próprios.

Intelectuais ligados à revista *A Águia*, por exemplo, capitaneados pela energia evocativa de Teixeira de Pascoaes, mantinham atuação coesa quanto aos princípios do saudosismo, concebido como um movimento intelectual e poético afinado com o ideal de ressurgimento da integridade da Nação. O voltar-se para a realidade portuguesa, negando o espírito de imitação de culturas hegemônicas, aparecia claramente reivindicado em seus textos programáticos: "Agora só resta (e será o mais custoso) apagar os *fachos de Paris*, e guiarmo-nos pela nossa própria candeia, alimentada com o azeite de nossas oliveiras..."[4].

---

4. *A Águia*, n. 8, 1ª série, p. 15, *apud* Clara Rocha, *Revistas Literárias do Século XX em Portugal*, Lisboa, Imprensa Nacional–Casa da Moeda, 1985, p. 269.

Narciso em sacrifício

Essa visão autocentrada inspirou vários poetas do período e costuma estar associada pelos críticos a uma concepção de caráter neo-romântico. Tal linhagem remontaria a um aspecto fundamental da cultura portuguesa que, no entender de Eduardo Lourenço, tivera o expoente inaugural em Almeida Garrett[5]. Sugere o crítico que a sobrevivência de tendências românticas, convivendo com a notória influência do simbolismo francês, ajustava-se ao perfil de uma sociedade predominantemente agrária, com o setor industrial ainda em atraso e condicionado ao capital estrangeiro[6].

A chegada do novo século, porém, acena com rupturas. Estimulada por um quadro social desolado e de futuro incógnito, a arte poética, mobilizada ainda em torno a um impulso idealizante, vive a experiência da dissensão. O contraste, a diversidade de pensamentos e a ênfase em princípios ora políticos e nacionalistas, ora estéticos, podem mesmo ser entendidos como a resposta possível dos poetas no sentido de enfrentar (ou, quem sabe, expressar imaginariamente) o horizonte da "fragilidade histórica"[7] do país em que viviam.

É nesse contexto que surge o clarão da revista *Orpheu*. Sua primeira aparição, em abril de 1915, investe em procedimentos renovadores para a concepção de uma poesia desejosa de refletir os impasses de sua época. Logo na abertura do primeiro número, Luiz de Montalvor ressalta a ambição do ideário modernista:

---

5. Eduardo Lourenço, *O Labirinto da Saudade*, Lisboa, Dom Quixote, 1982, p. 88.

6. Cf. António José Saraiva & Ôscar Lopes, *História da Literatura Portuguesa*, Porto, Porto Editora, 1982, p. 1013.

7. Expressão de Eduardo Lourenço, *O Labirinto da Saudade*, cit., p. 90.

Da sensação como um valor: Orpheu

"Bem propriamente, *Orpheu* é um exílio de temperamentos de arte que a querem como a um segredo ou tormento[...]. Nossa pretensão é formar, em grupo ou idéia, um número escolhido de revelações em pensamento ou arte, que sobre este princípio aristocrático tenham em *Orpheu* o seu ideal esotérico e *bem nosso* de nos *sentirmos* e *conhecermo-nos"* [8].

A ênfase no ato de sentir constitui uma idéia fixa do Modernismo português, tendo inspirado fortemente as obras de Fernando Pessoa, Sá-Carneiro e seus amigos. Cultuadores de uma atitude sensorialista, não objetivam apenas o resgate de uma "palpitação" individual, trazendo para a experiência portuguesa a radicalidade de uma expressão moderna e afinada com os novos tempos; mais que isso, procuram inserir-se "num amplo movimento histórico-espiritual, comandado pelo fenômeno original de uma *relação perturbada* do escritor com a realidade nacional que o engloba", conforme os dizeres de Eduardo Lourenço[9]. Esta relação perturbada representa, em síntese, a novidade que o grupo de *Orpheu* fez eclodir na literatura nacional.

A distinção primeira de Sá-Carneiro em relação aos antecessores dá-se, portanto, no plano da idéia de poesia. Através de versos bem medidos, pautados num laborioso efeito rítmico, o autor aspira promover um inusitado jogo de imagens, em que a vertigem interior desenvolve-se em paralelo com os dilemas da sensibilidade moderna. Se, de um lado, os epígonos do oitocentismo português cultivam ainda naquele momento a evocação das "vagas sensações" com o intuito de "traduzir" o mundo das essências, associadas ainda a conceitos

---

8. *Orpheu 1*, 4. ed., Lisboa, Edições Ática, 1984, p. 11.

9. *O Labirinto da Saudade*, cit., p. 91.

fundamentais do Romantismo[10], por outro lado, a produção poética dos modernistas empenha-se em desviar o rumo desse imaginário repetitivo.

No caso específico de Sá-Carneiro, não lhe interessa um confrontar de palavras iniciadas por letras maiúsculas, como se estivesse a retratar um gládio de categorias absolutas a que o humano apenas servisse de testemunho; antes, vê-se seduzido por sugerir os volteios e anseios do sujeito poético – arrastado para um destino adverso e dilacerado –, levando o poema a realizar-se no interior de uma "complicada arborescência de sensações sinestésicas, deleitosas e doídas"[11].

A rigor, a novidade de seu trabalho inspira-se numa visão desejosa de ampliar a representação dos efeitos sensoriais através da linguagem. Para ele, o conceito último de poesia estaria associado a uma expressão rica em imagens, voltada a configurar por meio de palavras a dinâmica febril das sensações.[12] Sob essa ótica, não cabe aos versos apenas registrar os sentimentos do poeta, mas sim operá-los de modo a que os poemas representem, na forma e no conteúdo, um movimento legítimo diretamente relacionado às percepções do sujeito lírico.[13]

---

10. Exemplar, nesse sentido, são os versos de Eugênio de Castro, como estes: "As quietas horas do Mistério e do Segredo, / Percorrem longos, funerários corredores, / Onde pairam, chorando as suas fundas dores, / Fantasmas glaciais, errantes e protervos"(Álvaro Cardoso Gomes, *Poesia Simbolista*, São Paulo, Global, 1985, p. 32).

11. Maria Aliete Galhoz, "O Momento Poético de Orpheu", *Orpheu*, p. XL.

12. Conforme sugere a análise de François Castex em "Mário de Sá-Carneiro, du Symbolisme au Modernisme", texto apresentado no colóquio Du Symbolisme au Modernisme en Portugal. Paris, Centro Cultural Gulbenkian, março de 1990.

13. Sobre o tema, em Fernando Pessoa, recomendamos José Gil, *Fernando Pessoa ou a Metafísica das Sensações*, Lisboa, Relógio d'Água, s. d.

Da sensação como um valor: Orpheu

Coerente com esse princípio, a sua poética aspira a uma abordagem nova, que dê conta de um acirrado confronto de instintos, ao mesmo tempo que ainda recorre a traços do espírito decadentista. Atento ao melhor da tradição recente (por exemplo, a melancolia arguta de Cesário Verde), Sá-Carneiro investiu na criação de um conturbado universo de cor, movimento, luz e som – resultando numa expressão de rica plasticidade:

> *Respiro-me no ar que ao longe vem,*
> *Da luz que me ilumina participo;*
> *Quero reunir-me, e todo me dissipo –*
> *Luto, estrebucho... Em vão! Silvo p'ra além...*[14]

Não é outro, pois, o trajeto de Sá-Carneiro como criador, senão o de tecer em palavras o arco de um grito de espanto, conforme a imagem definida por Baudelaire, espanto esse que corresponde ao duelo do artista, antes de sucumbir vencido pela realidade objetiva. Mesmo sua rara atitude de atenção ao cotidiano acaba reforçando-lhe uma voz de lamento, impossibilitado de realizar os desejos e incapaz de adaptar-se a uma sociabilidade corriqueira. Resulta daí que o esforço do nosso poeta de *Orpheu* volta-se para uma representação sensível do seu drama.

Que drama é esse e com que sentido estético se apresenta é do que se ocupará o presente livro. Artífice de uma percepção sensorial de forte conteúdo narcísico, Sá-Carneiro produziu uma poesia em contínuo estado de tensão com a própria vida. E, muito embora o entendimento da criação poética não se deva condicionar à esfera da biografia, no caso do autor de

---

14. Sá-Carneiro, *Poesias*, cit., p. 58.

"Indícios de oiro" não se pode negar o estreito vínculo entre essas duas margens. Lançado a um risco único, seus textos surpreendem pela beleza formal com que foram concebidos, terminando por revelar um poeta consciente da própria agonia e radicalidade.

Atentos a isso, desenvolveremos aqui algumas hipóteses críticas, sem a ambição de querer esgotar-lhes as implicações estéticas. Como no âmbito da criação, muitos são os atalhos a ser seguidos na interpretação literária, e qualquer que seja a vertente adotada, necessariamente implica um leque de afinidades eletivas. Que assim o seja.

É, pois, também com este sentido lúdico que estarão propostas as páginas seguintes.

Reescritos, os textos que seguem compuseram originalmente uma dissertação defendida no Instituto de Estudos da Linguagem (IEL) da Unicamp, sob a orientação e o carinho amigo da Profa. Maria Lucia Dal Farra, em 1990. Da banca examinadora participaram a Profa. Wilma Areas e o Prof. Haquira Osakabe. A eles, e a alguns amigos próximos, que auxiliaram com críticas e sugestões, fica registrado um agradecimento especial e fraterno.

I
Do desejo de "ser-outro"

Capa da primeira edição do livro Dispersão, única obra de Sá-Carneiro editada por ele em vida. Ilustração de José Pacheco.

Do desejo de "ser-outro"

"– Se eu quisesse enlouquecia. Sei uma quantidade enorme de histórias", confessa a personagem de um dos contos do poeta português Herberto Helder, tentando justificar a errância premonitória de um texto. Seu argumento se inicia com a iminência da loucura, mas logo se contém: "Há, felizmente, o estilo. Não calcula o que seja? Vejamos: o estilo é aquela maneira subtil de transferir a confusão e violência da vida para o plano mental de uma unidade de significação".

O estilo, então, afastaria de certo modo a loucura, mas não completamente. Seus resíduos permanecem nos textos. Na verdade, o que o poeta moderno desenvolve com esta idéia, articulada na voz da personagem, é a defesa intransigente da liberdade de escrever e imaginar, o direito de experimentar a "loucura" das palavras até o limite. Como reforço do seu propósito, adverte: "O poeta não morre da morte da poesia. É o estilo"[1]. Em nome do estilo, poderíamos deduzir, ampliam-se os verbos do poeta: morre por imagens, abre portas de infâncias, deixa úmida a memória.

Sá-Carneiro é, sem dúvida, um desses artistas cientes da unidade do estilo. Sua poesia insere-se num limiar entre a

---

1. Herberto Helder, *Os Passos em Volta*, Lisboa, Estampa, 1970, p. 13.

expressão dos desvarios do sofrimento – a dor de alma transportada a um plano estético – e a configuração de um sujeito poético em sintonia com uma dispersão própria. É pelo "estilo" que ele se põe a sofrer, sonhar, morrer. Esse movimento, ao mesmo tempo que se apresenta dividido, cindido nas emoções, denuncia uma sensibilidade exposta, descarnada. A escritura acontece à maneira de um laboratório das loucuras imaginadas.

Recorrendo a um repertório excêntrico, julga então afirmar a diferença em relação à vida comum. Numa das últimas cartas enviadas a Pessoa, já no ano do suicídio, Sá-Carneiro registra a seu modo a opção pelo estilo:

"Não me perdi por ninguém: perdi-me por mim, mas fiel aos meus versos:

> 'Atapetemos a vida
> contra nós e contra o mundo...'

"Atapetei-a sobretudo contra mim – mas que me importa se eram tão densos os tapetes, tão roxos, tão de luxo e festa..."[2].

Valeria a glosa: qualquer estilo vale a pena se a alma não é pequena. O brilho da poesia, na acepção do poeta, advém da sonoridade das palavras e do material de suas imagens, transmutando uma pulsação vivente a ser percebida (também de modo sensorial) pelo leitor. A vertigem, o colorido, a desintegração constituem-se como forças que atuam no representar da "Dispersão".

O que o estilo mobiliza, portanto, não é apenas o que está expresso objetivamente em palavras. Sua palpitação vai além, como nos alerta Roland Barthes: "O estilo tem sempre algo de

---

2. Sá-Carneiro, *Cartas a Fernando Pessoa*, cit., vol 2, p. 175.

Do desejo de "ser-outro"

bruto: é uma forma sem destinação, o produto de um impulso, não de uma intenção, é como que uma dimensão vertical e solitária do pensamento"[3].

Curiosamente, há um trecho nas cartas de Sá-Carneiro que fixa uma concepção sobre o fazer poético idêntica à de Barthes. Referindo-se aos que têm uma visão da linguagem como dado externo e objetivo, afirma:

"Meios-artistas aqueles que manufacturam, é certo, beleza, mas são incapazes de a pensar – de a descer. Não é o pensamento que deve servir a arte – a arte é que deve servir o pensamento, fazendo-o vibrar, resplandecer – ser luz, além de espírito. Mesmo na sua expressão máxima, a Arte é Pensamento"[4].

Logo, na visão do poeta, são a pretensão totalizadora e o sentido demiúrgico da palavra que devem nortear o dizer poético. O modo, contudo, como isso sucede nos versos de Sá-Carneiro remete à idéia de um fantasista – aquele que acentua com toque refinado a incompatibilidade com a ordem do cotidiano. No limite, ele acredita que o ilusionismo plástico vivenciado nas imagens representa uma realidade própria, emprestando concretude à insatisfação pessoal[5].

---

3. Roland Barthes, *Novos Ensaios Críticos e o Grau Zero da Escritura*, São Paulo, Cultrix, 1974, p. 122.

4. Sá-Carneiro, *Cartas a Fernando Pessoa*, cit., vol 1, p. 130.

5. Atento à questão, o crítico João Gaspar Simões acentuou as tintas em um de seus ensaios e caracterizou-o como "poeta ilusionista". Diz ele: "A sinceridade, a criação sincera, está, íntima e fatalmente, adstrita à própria vontade de se ser artificial, de se negar ou mascarar. Sá-Carneiro não deixa, portanto, de ser um verdadeiro poeta, um real artista sincero. Apenas a forma da sua sinceridade é que consiste, exatamente, na insinceridade" (*O Mistério da Poesia*, Porto, Editorial Inova, 1971, p. 131).

Narciso em sacrifício

Para reforçar a antítese com a realidade ordinária, o poeta-fantasista procura recriar no âmbito da linguagem os contrastes e as dissonâncias de uma existência atravessada por um sentimento dramático. Em conseqüência, evoca o sonho e a fatalidade dolorosa de ele ser inalcançável; é num contínuo redemoinhar de contingências que o sujeito vivencia o seu fracasso:

Quero reunir-me, e todo me dissipo –
Luto, estrebucho... Em vão! Silvo p'ra além...

O mundo das imagens, tomado por contraponto ao real, acaba por sobrepor-se à imagem do mundo. Parodiando Herberto Helder, podemos dizer que o poeta Sá-Carneiro não sofre o sofrimento da poesia; "é o estilo" que o faz.

O ato poético pode então ser concebido como um simulacro, espécie de espelho em que a realidade objetiva está apontada de modo indireto, e sobre o qual a individualidade se projeta. O jogo do absoluto – movimentando dissonâncias em duelo – deflagra um campo próprio de representação, e a vertigem fulgurante das imagens poéticas indicia o itinerário da utopia não alcançada. Ainda assim, o ciclo não se fecha: o poeta-fantasista revisita o mesmo fracasso sob diferentes formas, em diferentes poemas. Não se incomoda com a repetição, se através dela encontra uma variante para expressar o drama original.

Partindo dessa pulsação, o poeta-fantasista trama as linhas de forças presentes nos versos. A confusão e a violência da vida vêem-se neles representadas em tons fulgurantes, pois a tensão das imagens visa sobretudo a retratar uma *persona* dramática em tensão com a realidade.

*

Para melhor entender essa vivência intensificada do estilo, será esclarecedor nos aproximarmos dos seus versos, e a partir deles sugerir algumas interpretações. É o que faremos a seguir com o primeiro poema de sua obra.

PARTIDA

Ao ver escoar-se a vida humanamente
Em suas águas certas, eu hesito,
E detenho-me às vezes na torrente
Das coisas geniais em que medito.

Afronta-me um desejo de fugir
Ao mistério que é meu e me seduz.
Mas logo me triunfo. A sua luz
Não há muitos que a saibam refletir.

A minh'alma nostálgica de além,
Cheia de orgulho, ensombra-se entretanto,
Aos meus olhos ungidos sobe um pranto
Que tenho a força de sumir também.

Porque eu reajo. A vida, a natureza,
Que são para o artista? Coisa alguma.
O que devemos é saltar na bruma,
Correr no azul à busca da beleza.

É subir, subir além dos céus
Que as nossas almas só acumularam,
E prostrados rezar, em sonho, ao Deus
Que as nossas mãos de auréola lá douraram.

É partir sem temor contra a montanha
Cingidos de quimera e de irreal;
Brandir a espada fulva e medieval,
A cada hora acastelando em Espanha.

Narciso em sacrifício

É suscitar cores endoidecidas,
Ser garra imperial enclavinhada,
E numa extrema-unção de alma ampliada
Viajar outros sentidos, outras vidas.

Ser coluna de fumo, astro perdido,
Forçar os turbilhões aladamente,
Ser ramo de palmeira, água nascente
E arco de oiro e chama distendido...

Asa longínqua a sacudir loucura,
Nuvem precoce de subtil vapor,
Ânsia revolta de mistério e olor,
Sombra, vertigem, ascensão – Altura!

E eu dou-me todo neste fim de tarde
À espira aérea que me eleva aos cumes.
Doido de esfinges o horizonte arde,
Mas fico ileso entre clarões e gumes!...

Miragem roxa de nimbado encanto –
Sinto os meus olhos a volver-se em espaço!
Alastro, venço, chego e ultrapasso;
Sou labirinto, sou licorne e acanto.

Sei a distância, compreendo o ar;
Sou chuva de oiro e sou espasmo de luz;
Sou taça de cristal lançada ao mar,
Diadema e timbre, elmo real e cruz...

....

Do desejo de "ser-outro"

O bando das quimeras longe assoma...
Que apoteose imensa pelos céus!
A cor já não é cor – é som e aroma!
Vêm-me saudades de ter sido Deus...

....

Ao triunfo maior, avante pois!
O meu destino é outro – é alto e é raro.
Unicamente custa muito caro:
A tristeza de nunca sermos dois...[6]

O poema, escrito por volta do início do ano 1913 – e que foi depois escolhido para abrir o livro *Dispersão*, por constituir-lhe uma espécie de "prefácio, uma razão do que se segue"[7], como revelou o próprio autor em carta ao amigo –, representa sem dúvida uma síntese, espécie de ponto de partida quanto ao traçado das principais características do seu trabalho poético.

Depois de tê-lo enviado a Pessoa e recebido dele comentários animadores, Sá-Carneiro revela que compôs o poema durante um momento de descontração, enquanto esperava num café parisiense o pintor português Santa-Rita, companheiro na revista *Orpheu*. Acrescenta ainda ter sido proposital uma certa imitação do tom poético de Cesário Verde[8], descompromisso esse talvez motivado pelo fato de naquele momento acreditar que no futuro viria a ser prosador e não poeta.

Pelo que bem observou o crítico Dieter Woll – reconhecido como um dos melhores intérpretes do autor –, a característica

---

6. Sá-Carneiro, *Poesias*, cit., pp. 51-54.

7. Sá-Carneiro, *Cartas a Fernando Pessoa*, cit., vol. 1, p. 120.

8. Uma sugestiva comparação entre os dois poetas pode ser encontrada no artigo "Cesário entre Fradique e Sá-Carneiro", de Cleonice Berardinelli, *Boletim do SEPESP*, 1989, p. 116.

essencial do texto "é uma tonalidade vaga – a do entusiasmo – e uma idéia básica predominante – a da ânsia de subir". Ao refletir estados de ansiedade, a construção dos versos "actua antes pela intensidade da emoção e caracteriza o seu ideal como um estado de vivência intensificada de forma hiperbólica"[9].

O ponto de partida ligado à ascensão reafirma-se, portanto, na ênfase das "coisas geniais" sobre as quais o sujeito medita; a observação da vida comum das gentes constitui o "pano de fundo" sobre o qual ele empreende a luz de sua distinção. Dito em outros termos, há uma impossibilidade de convivência com a esfera vulgar da vida. Afastando-se dela, o poeta renuncia à vivência *cristalizada*.

A partir desse ponto de vista, os contrastes vêm à tona, como se pode observar já na primeira estrofe do poema quando reitera a dicotomia entre "escoar-se a vida humanamente" e "as coisas geniais em que medito". Essa oposição é vivenciada de início como hesitação, ao anunciar "um desejo de fugir" ao mistério pelo qual se sente tocado. Em seguida, a tensão se resolve imaginariamente através do triunfo da matéria idealizada: "A sua luz / não há muitos que a saibam refletir".

Há, contudo, um detalhe significativo que merece ser salientado. Se, por um lado, temos o princípio de realidade identificado pelo ângulo universalizante de uma vida que se escoa humanamente, por outro, a saída de tal condição só pode ser concebida através da esfera individual, apostando numa redenção que tem como meta reconquistar a plenitude das sensações. "Mas logo me triunfo", resume, por força da imaginação, a parábola do seu desejo.

O uso do pronome oblíquo não chega a ser circunstancial; pelo contrário, chama a atenção. De certo modo, transfere o con-

---

9. Dieter Woll, *Realidade e Idealidade na Lírica de Sá-Carneiro*, Lisboa, Delfos, 1968, p. 88.

Do desejo de "ser-outro"

flito e a transcendência desejante para o centro do sujeito poéti-co, que se torna – ele tão-somente – o horizonte de enfrentamen-to e superação das "águas certas" do cotidiano. A dimensão cole-tiva, significativamente, resta associada à existência trivial.

Para reforçar a dicotomia geradora de poeticidade, será importante transcrevermos o depoimento de Sá-Carneiro em que, numa de suas cartas, explicita os propósitos da realização do poema. A citação é longa, porém reveladora de suas idéias:

"Vida e arte, no artista, confundem-se, indistinguem-se. Daí a última quadra 'A tristeza de nunca sermos dois', que é a expressão *materializada* da agonia da nossa glória, dada por *comparação*. Eu explico melhor. A minha vida 'desprendida', livre, orgulhosa, *farouche*, diferente muito da normal, apraz-me e envaidece-me. No entanto, em face dos que têm família e amor banalmente, simplesmente, diariamente, em face dos que conduzem pelo braço uma companheira gentil e caval-gam os carrosséis, eu sinto muita vez uma saudade. Mas olho para mim. Acho-me mais belo. E a minha vida continua. Pois bem, *esses* são a arte da vida, da natureza. Não cultivar a arte diária é fulvamente radioso e grande e belo; mas custa uma coisa semelhante ao que custa não viver a vida diária: 'A tris-teza de nunca sermos dois'. Compreende bem o que eu quero dizer? Eis pelo que fechei a poesia com essa quadra aparente-mente frouxa e imprópria. Há versos que me agradam muito, porque me encontro neles [grifos do autor]"[10].

Sobrepondo estas palavras ao texto de "Partida", verifica-se de início a imediata identificação entre o sujeito poético e a figura do artista, assumida de forma intencional: "Porque eu reajo. A vida, a natureza / Que são para o artista? Coisa algu-

---

10. Sá-Carneiro, *Cartas a Fernando Pessoa*, cit., vol. 1, p. 71.

ma". São versos que, mediante a pausa de um ponto, imediatamente inserem o "eu" na especial categoria de artista; no verso seguinte, porém, verifica-se de imediato um salto para a condição plural: "O que devemos é saltar na bruma, / Correr no azul à busca da beleza".

A invocação "devemos" deixa, porém, a dúvida de ser também extensiva ao leitor ou não. Colocada sob forma determinante, "o que devemos é...", não poderá também ser entendida como incitação para uma miragem comum? Provavelmente sim, pois é esta uma das características centrais da poesia de Sá-Carneiro: oferecer-se ao leitor como "sujeito", um "eu" ansioso por fulguração.

Desse modo, o artista invoca para si – e, por conseguinte, como vislumbre, para o leitor – uma dimensão configurada como superior, em contraste com o existir comum. Em nome desse estratégico "lugar" são apresentadas imagens estrambóticas (conforme adjetivo cunhado pelo próprio autor), com os verbos de ação acompanhados de excitadas referências à cor, ao tempo e à velocidade. A "Partida" só vale a pena se vivenciada enquanto nervosidade.

A partir da quinta estrofe, nota-se a ascensão ao sonho desejado: "É subir, subir", "mãos de auréola lá douraram". "É partir", "Brandir a espada", "É suscitar cores endoidecidas", "Viajar", "Ser coluna de fumo", "Asa longínqua", "Diadema e timbre, elmo real e cruz...". Uma sucessão crescente de evocações sensoriais cumpre a função de delinear o centro de uma idealidade que anseia por uma concepção diferente de existência.

A tensão eu–mundo, projetada no poema e comprometida por uma intelectualização articulada, apresenta-se também como tensão do ponto de vista formal. Em paralelo ao sensorialismo das imagens, de itinerário caótico e dispersivo, explorando inclusive a estranheza evidente de certas palavras,

Do desejo de "ser-outro"

nota-se também uma fina atenção ao aspecto formal – em versos decassílabos rimados –, testemunhando um esforço de contenção que evidentemente contrasta com a expansividade das imagens.

Tal estratégia – de realçar o contraste entre a força imagética da arte e a realidade adversa – pode em parte ser entendida à luz da influência que a corrente decadentista, então em voga nas artes, tivera sobre o pensamento de Sá-Carneiro. Procurando antagonizar-se aos ditames realistas precedentes, também o decadentismo finissecular voltara-se a repercutir em suas páginas "os estados mórbidos [...] dos espíritos esgotados"[11], resultando dessa postura o cultivo de um estilo perspicaz, nervoso e retorcido.

Atraído por esse viés, Sá-Carneiro justifica o desejo imaginário de ser outro: "E eu dou-me todo neste fim de tarde / À espira aérea que me eleva aos cumes". A partida, o arremesso rumo a paraísos artificiais, engendra uma particular loucura a ser vivenciada pelo estilo. Segue-se ao arremesso, contudo, o peso imediato de uma agonia que acompanha a glória: "A tristeza de nunca sermos dois..."[12].

*

---

11. Expressão de Baudelaire citada por José Paulo Paes em "Huysmans ou a Nevrose do Novo" (J.-K. Huysmans, *Às Avessas*, São Paulo, Companhia das Letras, 1987, p. 20).

12. Quase duas décadas mais tarde, em 1934, Fernando Pessoa escreveu um poema-homenagem para Sá-Carneiro em que retomou o sentido desta idéia: "[...] Hoje, falho de ti, sou dois a sós. / Há almas pares, as que conheceram / Onde os seres são almas. / Como éramos só um, falando! Nós / Éramos como um diálogo numa alma. / Não sei se dormes [...] calma, / Sei que, falho de ti, estou um a sós".

Narciso em sacrifício

Ensombrada em nostalgia, a voz do poeta não se entrega ao silêncio. Resiste e anseia por expressão. E para que a resistência mantenha um sentido maior, de transcendência, apenas a alternativa da arte se afigura – tema que vai inspirar o segundo poema do mesmo livro:

ESCAVAÇÃO

Numa ânsia de ter alguma coisa,
Divago por mim mesmo a procurar,
Desço-me todo, em vão, sem nada achar,
E a minh'alma perdida não repousa.

Nada tendo, decido-me a criar:
Brando a espada: sou luz harmoniosa
E chama genial que tudo ousa
Unicamente à força de sonhar...

Mas a vitória fulva esvai-se logo...
E cinzas, cinzas só, em vez de fogo...
– Onde existo que não existo em mim?

....

Um cemitério falso sem ossadas,
Noites d'amor sem bocas esmagadas –
Tudo outro espasmo que princípio ou fim...[13]

Vê-se aqui representada a contraface da ascensão sugerida em "Partida". Tendo-se esforçado, num primeiro momento,

———————

13. Sá-Carneiro, *Poesias*, cit., p. 55.

Do desejo de "ser-outro"

por escapar ao horizonte presumivelmente burguês de uma existência cotidiana, o poeta não chega a deparar com outro horizonte de realidade que o possa compensar: "Desço-me todo, em vão, sem nada achar".

Resta, porém, a decisão de criar – ato representado em metáforas invocadoras dos sentidos: brandir a espada, ser luz harmoniosa e chama genial. Mas, logo em seguida, o impulso de ascese fracassa no âmbito mesmo da pessoa: "– Onde existo que não existo em mim?", pergunta-se. O sujeito poético termina condenado a mirar a realidade sob o jugo de "outro espasmo que princípio ou fim"; vale dizer que ele se encontra ciente dos opostos incompatíveis.

É a partir de tal cisão, produtora ela mesma de uma dualidade sem solução, que as imagens poéticas ganharão força. O uso reiterado de oxímoros, por exemplo, enfatizando a coexistência de contrários – envolvendo num só movimento os aspectos lingüístico, temporal, espacial e emocional –, torna-se um dos recursos estilísticos mais presentes nos seus versos[14]. Se tomarmos apenas um dos poemas, "Além tédio", perceberemos uma seqüência de oposições a pontuar as imagens: "expira/vive"; "tristeza/horas belas"; "a fora de ambição e nostalgia" etc.

O colorido dos contrastes, portanto, visa retratar com vivacidade o momento cindido, revisitado pela singularidade da expressão. Do mesmo modo, as hipérboles, empregadas com o sentido geral de sustentar a idealização do sujeito, procuram distanciar-se do nível primário da realidade. O apelo

---

14. Não é raro, inclusive, encontrarmos uma cadeia de oxímoros em seqüência, reforçados pelo emprego de anáforas. Este recurso está presente com maior freqüência em seus poemas finais, como se pode ver pelo emprego da palavra não, que aparece nove vezes no poema "Crise Lamentável", de sete estrofes.

Narciso em sacrifício

ao sensorialismo, explorado pela dimensão plástica dos sentidos do corpo, bem como o apego ao exótico e a referência constante a elementos do Oriente (como aparece de modo exemplar em "Rodopio") completam um quadro de excentricidade a que o poeta se remete com freqüência.

Longe, pois, de ser uma expressão otimista da idealização, a poética de Sá-Carneiro volta-se para perceber o sujeito em declínio, reproduzindo uma nostalgia da origem. Apostando no jogo da contradição, ao direcionar o vôo para as alturas, o poeta ao mesmo tempo designa a sua ruptura com a realidade.

Seguindo essa perspectiva, ao tomarmos em conjunto os poemas "Partida" e "Escavação", vislumbramos a "extrema-unção de alma ampliada" perseguida no primeiro poema e as "cinzas, cinzas só, em vez de fogo" recolhidas no poema seguinte como paradigmas de um "cristianismo em ruína", apontado por Hugo Friedrich em Baudelaire[15], cujos fundamentos teriam sido lançados pelos iluministas do século XVIII.

Obviamente, o sentimento ruinoso não leva Sá-Carneiro à evocação do satanismo, como em Baudelaire, ou de qualquer outro triunfo maligno – ou até mesmo gnóstico, como alguns críticos crêem localizar em Rimbaud –, para representar a "outra possibilidade" de apropriação da vida. O que se reforça na visão do poeta português é, antes, um "pecado de origem" configurado num passado hipotético, desencadeador de uma perda contínua.

Em inúmeros versos de poemas seus – e sobretudo em "Sete canções de declínio" –, há referência a um "alvoroço de oiro e lua", transformado em marco de uma dor original. Algo como a perda da aura do sagrado e do absoluto vê-se aqui

---

15. Hugo Friedrich, *Estrutura da Lírica Moderna*, São Paulo, Duas Cidades, 1978, p. 45.

Do desejo de "ser-outro"

invocado, pelo menos enquanto um hiato que coloca o sonho sob estado de suspeição.

Esse antagonismo freqüente – que, em sentido alegórico, estaria associado à perda do paraíso – dá margem então a que os versos e as frases insistam repetidamente numa estrutura de paralelismo a enformar a cadência dos poemas. Alto-baixo, silêncio-rumor, roxo-dourado, real-ideal, e muitas outras oposições, sustentam um fluxo de imagens cuja repetição ajuda a dar unidade à visão de mundo.

Portanto, a dicotomia entre sonho e realidade engendra-se como eixo imaginário em torno ao qual se arrolam imagens que revisitam com insistência a condição do poeta:

De tudo houve um começo ... e tudo errou...
– Ai a dor de ser – quase, dor sem fim... –
Eu falhei-me entre os mais, falhei em mim,
Asa que se elançou mas não voou...

Coerente com tal sentimento, o uso de verbos de movimento e ação realça a dinâmica do sujeito. Na quase totalidade dos poemas isso pode ser verificado, e em "Rodopio" constitui mesmo a proposta central, explicitada em seu uso verbal recorrente: "volteiam", "ascendem", "zebram-se", "retinem", "embebedam", "contorcionam-se" etc.[16].

Sob outra ótica, porém, pode-se vislumbrar nessa enumeração caótica uma mirada de unidade a ser tomada como última fronteira em que o sujeito poético se inscreve. A iden-

---

16. A esse respeito, torna-se reveladora uma afirmação de Leo Spitzer que toca diretamente o assunto: "Uma poesia que supõe toda a espécie de influências secretas, atuantes sobre o mundo, tem de alargar o mais possível a força transitiva dos verbos [...] Assim, tudo o que o sujeito sofre surge como um atuar no sentido de sucessos cósmicos" (Woll, *Realidade e Idealidade na Lírica de Sá-Carneiro*, cit., p. 113).

Narciso em sacrifício

tidade a partir da dor, da queda e da perda de plenitude – representada por uma negatividade diante da ordem objetiva e exterior – é o que, desdobrando os elos da contradição, justifica nele um discurso poético afirmativo.

Nessa perspectiva, a "loucura" imaginária de Sá-Carneiro presentifica o impulso do desejo em contenda com o caos circundante. Seu reflexo, interiorizado na primeira pessoa e na sonoridade plástica dos versos, bem pode ser entendido como a "unidade de significação" para a qual nos alertava a personagem já citada de Herberto Helder.

II
Da ansiedade sensacionista

Reproduções das capas e dos frontispícios dos únicos números publicados da revista Orpheu.

Da ansiedade sensacionista

Desencadeada no contexto da autonomização da arte e do questionamento empreendido pelas vanguardas européias, surgiu a fiel amizade entre Fernando Pessoa e Sá-Carneiro. A partida deste último para Paris, em 1912, acentuou a identificação entre os dois recém-conhecidos e deu origem a uma intensa correspondência, da qual só nos restaram as cartas de Sá-Carneiro.

Sua amizade por Pessoa alcançou tal envolvimento que seria difícil imaginar a obra de Sá-Carneiro sem estar atravessada pela marcante alteridade do amigo. Do mesmo modo, embora improvável de ser dimensionada devido à falta das cartas de Pessoa, é certa também a influência que este sofreu das preocupações do companheiro, e a manutenção de um fecundo diálogo entre os dois.

Foi a partir dessa identidade, ampliada pela contribuição de outros participantes do grupo de *Orpheu*, que se tornou possível o clima de inquietação em que surgiria o chamado sensacionismo. Acompanhando o sopro renovador de sua época, e procurando afastar-se das idiossincrasias que marcavam a poesia portuguesa, Fernando Pessoa e Sá-Carneiro uniram-se a fim de formular os princípios de um movimento estético que colocaria Portugal no mesmo diapasão de outras metrópoles em que se discutia e colocava em questão a natureza da arte[1].

Basicamente, os escritos disponíveis sobre o sensacionismo constam das designadas "Páginas íntimas e de auto-interpretação" de Fernando Pessoa, bem como das esparsas referências nas cartas de Sá-Carneiro. É o próprio Pessoa quem confirma que "o sensacionismo começou com a amizade" entre os dois[2]. Justifica-se desse modo a data de 1916 como o ano em que Pessoa terá se dedicado a esboçar a maior parte de seus escritos sobre o assunto[3], próxima, portanto, à do suicídio do amigo[4]. Trata-se de material fecundo, tanto por oferecer contornos para um entendimento da escrita pessoana, como para a compreensão das motivações que norteavam a escrita de Sá-Carneiro.

É de fato notável o empenho de Fernando Pessoa em fundamentar a proposta sensacionista, de modo a inseri-la no âmbito internacional de reflexão sobre a poesia moderna e os

---

1. Conforme as palavras do próprio Pessoa: "Criar uma arte cosmopolita no tempo e no espaço. A nossa época é aquela em que todos os países, mais materialmente do que nunca, e pela primeira vez intelectualmente, existem todos dentro de cada um, em que a Ásia, a América, a África e a Oceania são a Europa e existem todos na Europa. [...] Por isso a verdadeira arte moderna tem de ser maximamente desnacionalizada – acumular dentro de si todas as partes do mundo. Só assim será tipicamente moderna" (Fernando Pessoa, *Obra Completa em Prosa*, Rio de Janeiro, Nova Aguilar, 1986, p. 408).

2. Fernando Pessoa, *Páginas Íntimas e de Auto-interpretação*, Lisboa, Edições Ática, 1966, p. 148.

3. Esta é a data identificada pelos organizadores do volume citado na nota anterior.

4. "Amizade trágica" é como define João Gaspar Simões a relação entre os dois poetas (*Vida e Obra de Fernando Pessoa*, Lisboa, Bertrand, 1973, pp. 337-364).

Da ansiedade sensacionista

meios de sua criação. O sensacionismo constituía, sobretudo, uma estratégia de questionamento e transformação, tendo em vista as novas formas de expressão que emergiam no limiar do século e mantinham conexão estreita com uma "crise de identidade", que afetava a literatura em geral e se particularizava no contexto português.

Não esqueçamos, contudo, que Fernando Pessoa alimentava-se da ambição de criador, e, em virtude de tal compromisso, sua abordagem em torno a essas questões não deve ser tomada sob o ângulo estritamente intelectualista. O que lhe interessava e estimulava era sobretudo um engajamento ativo que desse conta de uma consciência crítica de sua obra e do momento poético em que vivia. Suas teses sensacionistas, é bom lembrar, caminham paralelamente à experiência da criação e não se apresentam como ensaio acabado, pois foram em boa parte registradas em anotações esparsas.

A formulação mais sintética dessas idéias encontra-se em carta destinada a um editor inglês, propondo a publicação de uma antologia sensacionista, cujo trecho central aparece transcrito a seguir:

"A única realidade da vida é a sensação. A única realidade em arte é a consciência da sensação.

"Na arte existem apenas sensações e a consciência que dela temos.

"A arte, na sua definição plena, é a expressão harmônica da nossa consciência das sensações: ou seja, as nossas sensações devem ser expressas de tal modo que criem um objeto que seja sensação para os outros.

"Os três princípios de arte são: 1) Cada sensação deve ser plenamente expressa, isto é, a consciência de cada sensação deve ser joeirada até ao fundo; 2) A sensação deve ser expressa de tal modo que tenha a possibilidade de evocar – como um halo em torno de uma manifestação central – o maior número possível de outras sensações; 3) O todo assim produzido deve ter a maior presença possível como um ser organizado, por ser essa a condição da vitalidade. Chamo esses três princípios 1) o da Sensação, 2) o da Sugestão, 3) o da Construção"[5].

É certo que esses preceitos sensacionistas contemplavam não apenas a obra do próprio Pessoa, mas também a de seus companheiros de *Orpheu*, notadamente Sá-Carneiro. Seu grande mérito foi retomar, à luz da poesia emergente em Portugal no limiar do século XX, um tema que sempre fora crucial para a expressão: o da natureza das sensações.

Na arte, e com maior propriedade na poesia, o dado sensorial sempre esteve no cerne de muitas das formulações estéticas e das rupturas havidas entre os períodos literários. Se nos ativermos apenas à tradição do século XIX, destaca-se o modo como a questão do "sensível" ganhou novas perspectivas com o pensamento dos românticos alemães. Novalis, por exemplo, expressou-se com clareza ao formular que "todo o visível adere ao invisível, tudo o que pode ser ouvido ao que não pode sê-lo, todo o sensível ao insensível"[6]. É a partir dessa "irrealidade" presente nas sensações que Novalis justifica a concepção da poesia como "real absoluto"; onde há mais poesia, há mais verdade, é a sua convicção final.

Pessoa, sabendo ser esta uma nervura central do processo de criação, toma a problemática das sensações e procura ajus-

---

5. Pessoa, *Obra Completa em Prosa*, cit., pp. 429-433.

6. Novalis, *Himnos a la Noche – Cantos Espirituales*, Cordoba, Assandri, 1953, p. 36.

Da ansiedade sensacionista

tá-la à perspectiva de uma modernidade que, vale a pena ressaltar, engloba já naquele momento um conflito de posições no interior das vanguardas européias. Nesse sentido, guardando uma distância estratégica em relação a outros "ismos" em evidência[7], o que o sensacionismo projeta ao pressupor que "a única realidade da vida é a sensação" está ligado à intenção de alcançar uma consciência da arte, que, em verdade, represente "uma nova espécie de *Weltanschauung*"[8], conforme reitera sem hesitação o próprio poeta.

À luz de uma metáfora, registrada em texto bem conhecido, o autor de "Chuva Oblíqua" compara a sensação do poeta a um cubo, em que cada lado estaria representando um dos aspectos da percepção. Diante desse cubo, segundo ele, a poesia sensacionista deve procurar observar "com um vértice mantido diante dos olhos", de modo que três dos lados sejam vistos[9]. Saber lidar com imagens objetivas e subjetivas, com idéias e objetos – com o fim de mais bem configurar o quadro das sensações – torna-se exigência básica para que a pluralidade envolvida no ato de sentir esteja presente nos versos.

---

7. Vale registrar uma opinião de Pessoa sobre o assunto: "Quanto às influências recebidas por nós do movimento moderno que abrange o cubismo e o futurismo, devem-se antes às sugestões que recebemos deles do que à substância de suas obras propriamente falando. Intelectualizamos seus processos. A decomposição do modelo que eles realizam [...] situamo-la no que acreditamos ser a própria esfera dessa decomposição – não coisas, mas nossas sensações das coisas" (Pessoa, *Obra Completa em Prosa*, cit., p. 431).

8. *Ibidem*, p. 430. A abordagem mais enfática do autor sobre o assunto está presente no texto significativamente intitulado *Ultimatum*.

9. *Ibidem*, p. 447.

Visão de mundo e consciência da arte convergiriam então para a objetividade do poema, que, na especificidade da linguagem, teria de ser concebido à maneira de "um objeto que seja sensação para os outros". O esforço consciente do poeta nessa direção exige-lhe que tenha olhos para os laços individuais e, ao mesmo tempo, para a trama social. Ora, num de seus textos relativos ao tema, Pessoa ressalta a Decadência como o sintoma geral que liga a arte e a vida modernas[10]. Se tomarmos o seu dizer à risca, podemos concluir que, para ele, a consciência válida para orientar com toque moderno o imaginário poético deveria resistir de modo convicto à frouxidão da experiência sensível e moral.

Nessa linha de raciocínio, a proposta do sensacionismo estaria ligada à concepção de que é necessário "sentir tudo de todas as maneiras", intento reafirmado com freqüência nos versos de Álvaro de Campos: "Quanto mais unificadamente diverso, dispersamente atento, / Estiver, sentir, viver, for, / Mais possuirei a existência total do universo, / Mais completo serei pelo espaço inteiro fora"[11]. Concorre para essa atitude de dispersão absoluta o apoio de uma lucidez que o poeta deve formular enquanto visão de mundo, ao lado de um projetado heroísmo, em consonância com a aspiração vanguardista de atingir de modo corrosivo a vida social[12].

Sentir e saber sentir o mundo diverso torna-se, portanto, o movimento procurado pelo poeta. À sua capacidade

---

10. *Ibidem*, p. 441.

11. Pessoa, *Obra Completa em Prosa*, cit., p. 340.

12. A respeito do tema, recomendamos a leitura do ensaio "O Gênio Desqualificado" (Leyla Perrone-Moisés, *Fernando Pessoa: Aquém do Eu, Além do Outro*, São Paulo, Martins Fontes, 1982, pp. 35-70).

Da ansiedade sensacionista

de "vestir" vivências alheias, configurando uma vivência dispersa, está associado o trabalho transformador da poesia. Ambiciona-se desse modo a despersonalização consciente, tendo por resultado final a "sensação multiplicada pela consciência – multiplicada, note-se bem", lembra Pessoa[13].

Distinta da crença desenvolvida nas origens do Romantismo – que um século antes valorizara a intuição individual como impulso para tocar o incognoscível –, a proposta pessoana almeja (e realiza, sob a forma da heteronímia) a multiplicação da personalidade. Multiplicar-se em sensações, e não apenas registrar aquela que representaria um sentimento legítimo, único, é o desejo maior da criação sensacionista.

O ato poético ganharia assim dimensão ampliada; através do passeio pelas sensações, o trânsito receptivo ao contingente, àquilo com que depara o sentir do poeta, alcança foros de uma totalidade fragmentada, realizando à sua maneira o que o crítico Eduardo Lourenço resumiu em poucas palavras: "A apologia suprema do homem como literatura"[14].

Afinado com esse ideário, o programa sensacionista concebido por Pessoa supõe também a contrapartida objetiva no que diz respeito às imagens e ao emprego da linguagem na poesia. Considerando-se que seus escritos sejam de fato datados de 1916 – o que não se pode afirmar com segurança –, sua

---

13. *Obra Completa em Prosa*, cit., p. 432.

14. Eduardo Lourenço, "'Orpheu' ou a Poesia como Realidade", *Tempo e Poesia*, Porto, Inova, 1974, p. 60.

Narciso em sacrifício

formulação dá-se depois da publicação de *Orpheu* (pelo menos dos números 1 e 2, lançados no primeiro semestre do ano anterior) e está alimentada por uma convivência íntima com a obra e a trajetória de Sá-Carneiro.

Em suas anotações, Pessoa chega a escrever em relação ao amigo: "[...] provavelmente é difícil destrinçar a parte de cada um na origem do movimento e, com certeza, absolutamente inútil determiná-lo.

"O fato é que ambos lhe deram início.

"Mas cada sensacionista digno de menção é uma personalidade à parte e, naturalmente, todos exerceram uma ação recíproca"[15].

*

A partir dessa visão aberta, ao mesmo tempo que imprecisa, Pessoa criou ainda alguns ditames estéticos – paulismo, de um lado, e interseccionismo, de outro –, buscando transmitir uma percepção sensacionista no âmbito da composição do poema.

Em termos sucintos, o paulismo – definido pelo escritor em textos publicados em *A Águia*, por volta de 1913 – ainda não conseguira libertar-se dos preceitos saudosistas. A evocação do vago e do sutil, transmitida através de frases exclamativas e de sintaxes inesperadas ("A Hora expulsa de si-Tempo", por exemplo), lembrava traços do simbolismo–decadentismo comprometidos em exprimir certo ar de tédio e o vazio da alma. Com isso, acabaria por restringir-se

---

15. Maria Aliete Galhoz, *Apresentação a "Orpheu 2"*, Lisboa, Edições Ática, 1984, p. XXXI.

a uma "obsessiva canção de um ego em enamoramento reflexo, denso e [...] queixoso de libertação e amargado de grotesco"[16].

O interseccionismo, por sua vez, viria a representar uma superação do paulismo rumo a uma complexidade maior no emprego das metáforas. Distanciando-se de uma imagética fixada no transcendente, seus versos procurariam dar conta de "um complexo de vivências interferindo-se porque chamadas ao campo do consciente com a mesma solicitação de únicas. Daí, as intersecções psíquicas de tempos, de espaços, e de realidades exteriores e subjetivas"[17]. A expressão interseccionista buscava levar ao extremo a situação dilacerada da condição moderna do poeta.

Maria Aliete Galhoz, em acurada análise sobre a poética de *Orpheu*, associa o interseccionismo a Fernando Pessoa e o paulismo a Sá-Carneiro enquanto características predominantes. No seu entender, a Sá-Carneiro compete uma expressão empenhada no "dextro [sic] surpreender de correspondências, no supletivismo sem gramática dos vocábulos, na afetividade reflexa imposta aos verbos, na corporificação de associações psíquicas, no carregado ritual da cor", procedimentos esses que encontram tradição no decadentismo anterior.

A partir desse raciocínio, é possível entender a "revolução literária" promovida por Pessoa em relação à tradição finissecular tomando-se como *ponto de passagem*, ou de transição, a poesia de Sá-Carneiro, que vivenciou em curto período de vida um impasse estético exemplar. Mais do que outros

---

16. Reproduzimos neste e nos dois próximos parágrafos as definições de Maria Aliete Galhoz registradas no ensaio "Momento Poético de Orpheu", *Orpheu 1*, cit., pp. XL e XLI, respectivamente.

17. *Ibidem*.

modernistas portugueses, o autor de "Dispersão" trabalhou seus versos valorizando a potência das sensações como forma de representação para um "eu" cindido.

Fernando Pessoa incorporou do amigo o drama da expressão e teve a argúcia de radicalizar seus procedimentos. Isso se tornou possível à medida que o autor de "Chuva Oblíqua" projetou-se seguidamente como *poeta construtor*. Coerente com a ambição de formular as bases de uma nova poética, seu esforço voltou-se para a criação de uma obra e de uma teoria enquanto formas – indissociáveis – de desenvolvimento da consciência literária. O mesmo se deu com Sá-Carneiro – de maneira menos articulada, porém – através das idéias coligidas em sua correspondência com Pessoa, em que vivencia de forma dramática a busca de um sensacionismo à sua medida.

O percurso comum, trilhado na primeira metade dos anos 1910, e logo interrompido pelo suicídio do mais jovem, suscita ainda uma característica que mobilizou o imaginário e a obra dos dois autores: a da "ampliação". Termo invocado com freqüência nas cartas do poeta de "Dispersão", designa a ansiedade sensacionista por fundar horizontes outros, que se superponham à realidade evidente. Através desse impulso expansivo, a poesia aspirava a representar em imagens um "processo oposto à 'materialização' – ao anquilosamento da obra nos limites estreitos e ainda por cima falsos do modelo real imitado"[18].

Repercutindo a seu modo a inquietude estética da época, o sentido de ampliação resume uma série de expec-

---

18. O conceito de ampliação está desenvolvido por Tereza Rita Lopes no ensaio "Pessoa e Sá-Carneiro: Itinerário de um Percurso Estético Iniciado em Comum", *Colóquio*, n. 48, abril de 1968, pp. 56-58.

Da ansiedade sensacionista

tativas que eram conscientes, em maior ou menor grau, na atitude literária desses autores. Em Sá-Carneiro, por exemplo, são recorrentes o movimento de dispersão e o império do ideal sonhado; a impossibilidade de repouso na realidade e o dilaceramento subjetivo expandem-se através de vertigens. Já em Fernando Pessoa os heterônimos sugerem múltiplos raios de alargamento a se desdobrarem em trama. Como traço comum a ambos, destaca-se o desejo de criar uma arte que seja "luminosa e comovente e grácil e perturbante"[19].

Cabe ainda a distinção, *grosso modo*, de que a ampliação perseguida por Sá-Carneiro pode ser representada espacialmente pelo sentido vertical – configurado na oposição real–ideal, dor e sonho, cadência e altura etc. Pessoa, por sua vez, encontra-se mais estimulado pela ampliação em termos de horizontalidade, como veio a ser representada em sua produção heteronímica. Podemos mesmo considerar ter havido entre os dois poetas uma espécie de "amizade" complementar, que João Gaspar Simões ousou interpretar como trágica.

*

Traçadas as linhas gerais do sensacionismo, é possível aguçar um pouco mais o olhar sobre o imaginário de Sá-Carneiro. Partimos então do pressuposto, já repetido nestas páginas, de que a sua poética vê-se a todo momento alimentada pelo princípio de que sensação e realidade identificam-se e se confundem, de tal modo que a linguagem (da primeira) deve ser capaz de "corporificar" a errância dos sentidos.

---

19. Sá-Carneiro, *Cartas a Fernando Pessoa*, cit., vol. 1, p. 151.

Narciso em sacrifício

Essa crença acentuou-se de modo progressivo ao longo de seus anos de criação – excetuando-se as experiências "divertidas" à maneira do poema "Manucure", escrito como blague futurista – e pode ser vivamente constatada em inúmeras de suas cartas. Eis um exemplo: "Vou vivendo como sempre, olhando muito para mim, sonhando 'além', para logo, cepticamente encolher os ombros e prosseguir sonhando... A eterna dobadoura... símbolo mesquinho, mas ai, bem real da existência. Pelo menos da minha existência. Dobadoura ou catavento? Não sei. E tudo isto é tão triste..."[20].

Compartilhar estas sensações, numa construção e desconstrução sucessiva de sonhos, constitui a experiência a ser impressa em versos. Dobadoura... catavento... representam ambos o dilema de um caminho bifurcado, tensionando as oposições entre a prosaica dobradura de um real sem brilho e a vaga agitada de um movimento soprado pelo sonho. O sentimento geral é de tristeza... rodopiando sob a forma de palavras impregnadas de apelo sensorial... poemas que testemunham o trote acelerado de anseios e medos; um ritmo poético, enfim, que transfigura em versos o dilaceramento.

Sá-Carneiro, imobilizado pelo próprio fascínio e assombro de sua aventura, pouco se dedica a racionalizar os fundamentos que unem o sentir ao pensar; constrói a sua experiência entregando-se aos próprios versos. Por outro lado, Fernando Pessoa, mais "dogmático" em sua ambição, reflete com precisão sobre como discernir e encontrar a ponte entre a emoção simples, corpórea, e a sensação estética – esta sim que o poeta deve trabalhar em poemas para configurar a intensidade de sua vivência. Ele chega mesmo ao requinte de anotar em seus

---

20. *Ibidem*, p. 50.

Da ansiedade sensacionista

escritos como se daria a passagem da mera emoção para o plano da sensação artística:

"1. A base de toda a arte é a sensação.

"2. Para passar de mera emoção sem sentido à emoção artística, ou susceptível de se tornar artística, essa sensação tem de ser intelectualizada [...] Temos, pois:

"(1) A sensação puramente tal.

"(2) A consciência da sensação, que dá a essa sensação um valor, e portanto um cunho estético.

"(3) A consciência dessa consciência da sensação, de onde resulta uma intelectualização de uma intelectualização, isto é, o poder da expressão"[21].

Nota-se que o pressuposto de Pessoa quanto às sensações é creditar-lhes estatuto de *conhecimento* da realidade. Nessa perspectiva, a sensação deve ser percebida à base da intelectualização, o que equivale a considerá-la como uma espécie de "lente", a partir da qual as vicissitudes reais se apresentam com palpitação própria, induzindo o poeta a uma transmutação de planos.

Para Fernando Pessoa – e o preceito também é válido para os versos de Sá-Carneiro –, a dimensão estética assenta na expansividade da experiência "sensacional" enquanto detenção multiplicada dos fenômenos da vida. É com esse intuito, aliás, que a síntese pessoana para o problema resume-se a uma simplificação categórica: "A única realidade da vida é a sensação".

Portanto, um dos efeitos a se perceber é que, sendo a existência uma extensão da ocorrência da sensação, percorrer-lhe as multiplicidades e variantes implica a apreensão de seus limites. Na ótica sensacionista, a consciência da sensação não

---

21. Pessoa, *Obra Completa em Prosa*, cit., p. 448.

se distingue da apreensão dos fenômenos vividos. Pelo contrário: para alcançar a dimensão da poesia, as duas dimensões devem correr em paralelo e abrir campo para o curso das imagens.

O próprio Fernando Pessoa enfatiza que toda sensação é válida, pressupondo alargamento de horizontes da sensibilidade do artista, sobretudo quando acompanhada de uma estreita consciência da sensação. Na defesa dessa postura, Pessoa chegou a uma visão extrema ao escrever que "um homem pode percorrer todos os sistemas religiosos do mundo num só dia com perfeita sinceridade e trágicas experiências de alma"[22].

Será esse exagero, no entanto, que nos permitirá relacionar os princípios sensacionistas com a poética de Sá-Carneiro. Afinal, é nesse horizonte que atua a radicalidade de sua escritura e foi ele, dentro do grupo de *Orpheu*, quem se entregou com maior radicalidade a uma vertigem sensorial, aspirando à criação de uma obra em que os sentidos e as sensações físicas pudessem espelhar-se. Segundo nosso poeta, a vida como sensação e a arte como consciência dela não devem ser concebidas de modo distinto, e sim como dimensões sobrepostas, já que ao artista cabe recriar a sensação (subjetiva) no interior da objetividade específica da linguagem.

É nessa ótica que se insere o uso freqüente e quase obsessivo do "eu" nos poemas de Sá-Carneiro. A primeira pessoa, ao lado de estar comprometida com a biografia do autor (o que não pode ser negado), adquire importância por um motivo destacável: é um recurso por meio do qual o sentido da sensação adquire maior impacto. Pode-se mesmo considerá-lo como a instância direta, a mais transparente possível,

---

22. Ibidem, p. 446.

Da ansiedade sensacionista

em que a sensação se faz presente. Paralelamente, a primeira pessoa ressalta a consciência da sensação defendida por Fernando Pessoa.

Descortina-se desse modo a estratégia adotada por Sá-Carneiro, do ponto de vista formal e também quanto ao plano anímico da linguagem. Pensando-se a questão em termos extremados, pode-se vislumbrar que o "eu" seja, no sentido estético incorporado pelo autor, uma "máquina" de "sensacionar" o mundo, a desvendar-lhe a palpitação inerente. Em outras palavras: ele concebe que o real se dá, em primeiro plano, como opacidade pautada pelo senso comum e habitual do cotidiano. Sensacionar o mundo será, pois, o modo pelo qual o poeta acreditará deslocar o eixo de atenção a fim de tomar contato com uma pulsação interior que repercute a dimensão estética da realidade.

Torna-se justificável, portanto, que o eu poético de Sá-Carneiro se apresente dividido e múltiplo, numa cisão que toca o essencial. "Afronta-me um desejo de fugir / Ao mistério que é meu e me seduz. / Mas logo me triunfo. A sua luz / Não há muitos que a saibam refletir", declara aquele que dá o sinal de partida para iniciar-se na aventura das sensações.

Dispersão – palavra-fundamento de sua poética – transmuda assim o próprio significado e alcança a expressão de um neologismo necessário: *dispersona*. Por meio deste termo novo podemos entender a ampliação tão desejada pelo autor. *Persona* que representa a própria dispersão, não se referindo apenas ao psiquismo individual, mas igualmente acenando com uma circunstância maior: a negação do corriqueiramente humano.

Dispersona sugere ainda um raiar de fragmentos que se referem a uma identidade cindida que, a cada nova sensação ou imagem, sofre o clarão da perda. Dispersa, a *persona* dos

Narciso em sacrifício

versos busca potencializar a cada sinal ou fragmento a recuperação de um fundamento.

Seu contato com a realidade anuncia, por vias avessas, o esvaziamento da esfera do sonho. Palpitam imagens para o poeta, mas ele ainda resiste com um último sopro. Contrasta o roxo ao dourado e coloca-se em estado de rotação de sentidos.

III
Da vertigem de Narciso

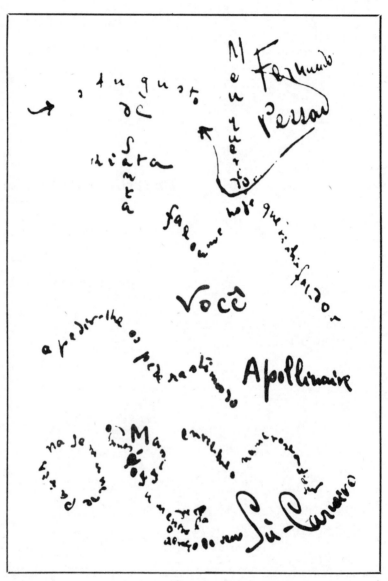

Postal enviado por Sá-Carneiro ao amigo em Lisboa: "Meu caro Fernando Pessoa / O Augusto de Santa Rita falou-me hoje que tinha falado a você a pedir-lhe os pederastismos de Apollinaire na Semeine de Paris. Mas isso é consigo envie-lhe o número que quiser. Um entrelaçado abraço do seu Sá-Carneiro".

Da vertigem de Narciso

Por tanto enfatizar a tensão ambivalente do sujeito poético, coincidindo com uma atribulada trajetória pessoal – filho de um engenheiro militar, órfão desde cedo e que abraçou o suicídio –, é comum a obra de Sá-Carneiro estar associada a interpretações de fundo psicológico. Não por acaso, o fundamento confessional de sua poesia vem desnorteando a visão crítica, adepta muitas vezes de abordagens simplistas, circunscrevendo o âmbito dos seus versos aos termos de um "egocentrismo doentio" e outros conceitos igualmente duvidosos.

Vários estudos, pautados pela ligeireza dos argumentos, têm servido para divulgar a imagem de um "jovem carente", cuja aventura literária estaria vinculada à imaturidade existencial. Equívocos dessa natureza conduzem inúmeros textos a conclusões tão levianas quanto enfáticas sobre a obra do poeta.

Exemplo nesse sentido é a constante lembrança da morte da mãe, quando o autor tinha apenas dois anos de idade, como justificativa para dizeres do tipo: "Em dezembro de 1892, Mário não se limitou, portanto, a perder aquela que o gerara: perdeu também o mundo, ou melhor, a possibilidade de nele

59

se resignar a viver"[1]. Afirmações com esse teor, ou que abusam do efeito dramático de associar a produção do autor às loucuras excêntricas de um *dandy*, costumam ser freqüentes.

Em parte, esse modo enviesado de encarar a poesia de Sá-Carneiro tem origem num depoimento de Fernando Pessoa, que, em correspondência dirigida a João Gaspar Simões, justifica com a perda prematura da mãe a possível ausência de ternura explicitada em alguns versos do amigo[2]. Opiniões desse molde costumam tomar a biografia do poeta como justificativa central para o sensorialismo intenso presente nas imagens dos versos.

Ora, em termos estritamente literários, encaminhar dessa maneira a leitura da obra de Sá-Carneiro acaba por limitar o entendimento da importância de sua poesia. Em contrapartida a essas interpretações, impõe-se a alternativa de manter a atenção voltada principalmente para os textos, procurando extrair deles os traços estilísticos peculiares. Atentos aos versos e ao imaginário correspondente, estaremos em contato com a singularidade do poeta.

Mais importante que as especulações de caráter psicológico, a observância do "modo próprio" com que o autor lida com as palavras e as imagens pode nos fornecer interessantes pistas para entender as motivações principais de sua lin-

---

1. João Pinto de Figueiredo, *A Morte de Sá-Carneiro*, Lisboa, Dom Quixote, pp. 30-31. Vejamos outra das frases exageradas deste mesmo autor: "Embalsamado pela ama, criado numa redoma protetora por ser o único representante de uma velha dinastia [...], Mário foi, portanto, durante a infância, um prisioneiro de marca, um príncipe que, por razões de Estado, convém a todo o custo manter em vida" (p. 27).

2. Fernando Pessoa, *Cartas de Fernando Pessoa a João Gaspar Simões*, Lisboa, Publicações Europa-América, 1957, pp. 106-107.

guagem. Consciente dessa perspectiva, ele escreveu certa vez a Fernando Pessoa: "Eu sou daqueles que vão até o fim". E acrescentou ainda, identificando o elo estético de sua convicção: "Essa impossibilidade de renúncia, eu acho-a bela artisticamente"[3].

Portanto, já de partida consideramos que o lamento característico de Sá-Carneiro não se configura primordialmente como voz pessoal ou biográfica. Tal afirmação, é claro, não procura negar o magnetismo invisível que aproxima as duas esferas, nem as possíveis identidades entre a pessoa real e o sujeito poético. Trata-se, sobretudo, de uma questão de ênfase. Interessa-nos ressaltar que, em suas páginas, deparamos com uma espécie de canto geral representando um "eu" construído e imaginário – adequadamente traduzido numa trama de palavras acionadas por uma aguda consciência estética.

Nesse sentido, a recorrente dicção em primeira pessoa do autor configura em primeiro plano uma voz "im-pessoal", que simultaneamente dá conta da experiência de um indivíduo particular e também acena para a universalidade dos seus motivos. E, até porque é uma individualidade construída artisticamente, Mário de Sá-Carneiro compenetra-se do ofício expressivo e empenha-se em amplificar a vertigem colorida das sensações por meio de uma musicalidade inspirada, seduzindo os leitores.

Entregue a uma atmosfera de altas tensões, os seus versos medidos, muitas vezes rimados e submetidos a rigoroso controle formal, apresentam uma rara capacidade de invocar por meio da arte as forças anímicas do desejo de absoluto. Sujeito flagrado em colapso, sua dicção almeja a beleza estética utilizando-se de um campo amplo de metáforas carregadas de

---

3. Sá-Carneiro, *Cartas a Fernando Pessoa*, cit., vol. 1, p. 52.

conteúdo simbólico. Reforça ainda essa idéia o fato de ter sido um autor de obra pequena, aferrado a uns poucos temas e obsessões, desdobrados em múltiplos poemas. Acima de tudo, mantém-se fiel à intenção de fixar *uma experiência radical.*

Experiências dessa natureza encontram paralelo nas lendas da mitologia clássica – que também podem ser entendidas como tabuleiros de destinos movidos a desejos –, porque as suas histórias, ao final das contas, acabam por transmitir o valor arquetípico de determinada condição. Vistas sob esse ângulo, a cada lenda corresponderia um "motivo espiritual" – tal como o caracterizou Ernst Cassirer, em estudo sobre a metáfora[4], ao sustentar que as estruturas do mundo mítico e do mundo lingüístico são determinadas pelos mesmos "motivos".

Não deixa de ser uma idéia fascinante essa. E, se aceitamos o seu convite, somos logo estimulados a pensar que uma possível chave para o entendimento da poética de Sá-Carneiro bem pode estar representada em alguma das clássicas histórias da Antigüidade. Para ser transmitida através das gerações, a mitologia se nutre de pequenos enredos de amor e morte, de sedução e abandono, fazendo convergir a trama para o núcleo de um tema. Histórias exemplares que são, cada lenda implica um universo imaginário próprio para onde convergem muitas das inquietações humanas.

Motivado por idêntico raciocínio, o escritor e crítico português David Mourão-Ferreira escreveu um luminoso e instigante artigo comparando o poeta à figura de Ícaro[5]. Sem dúvida, a metáfora do jovem dotado de asas para lançar-se a

---

4. Ernst Cassirer, *Linguagem e Mito*, São Paulo, Perspectiva, 1972, p. 101.

5. David Mourão-Ferreira, "Ícaro e Dédalo: Mário de Sá-Carneiro e Fernando Pessoa", *Colóquio-Revista de Artes e Letras*, n. 30, Lisboa, Fundação Kalouste Gulbenkian, 1964, pp. 54-57.

altos vôos diz muito da trajetória do nosso autor, também ele fascinado pelo brilho das alturas ideais.

Em nossa opinião, no entanto, é a figura de Narciso que mais bem representa – e com maior riqueza de nuanças – o drama poético do criador de "Indícios de oiro". Adotá-la como paradigma implica afirmar que a situação narcísica encerra uma tensão subjetiva análoga ao impasse do nosso poeta e, inversamente, oferece ao entendimento uma chave de apreensão imediata de seu drama. A cada verso do segundo, é a palavra do primeiro que também se revela.

Fixemo-nos nessa escolha, pois em torno a ela sucederão os argumentos seguintes.

Julia Kristeva, num interessante estudo em que se propõe a analisar o fundamento amoroso de Narciso, chega a interpretar a lenda como "a vertigem de um amor sem outro objeto que uma miragem"[6]. O caráter especulativo do conflito vivido pelo protagonista – ao tomar-se de amor pela própria imagem refletida nas águas – configuraria uma natureza voltada para o signo, nele se encerrando em estado de enamoramento. Dada a ênfase da ilusão, a miragem constitui-se como realidade.

Nessa mesma perspectiva, Gaston Bachelard entende a situação de Narciso sob o prisma de uma identidade que elege o "espelho das águas" como campo de outras possibilidades. Procurando refutar a obviedade de uma interpretação negativa quanto à idealização dessa miragem, ele contrapõe o seguinte raciocínio:

"A sublimação não é sempre a negação de um desejo; ela não se apresenta sempre como uma sublimação *contra* os instintos. Ela também pode ser a sublimação *por* um ideal. Por

---

6. Julia Kristeva, *Histoires D'Amour*, Paris, Denöel, 1983.

Narciso em sacrifício

isso, Narciso não diz mais: 'eu me amo tal como eu sou', ele diz: 'eu sou tal como eu me amo'"[7].

Evidentemente, a inversão dos termos da frase final não sugere mero jogo de palavras. Ao pressupor a sublimação como fator participante do imaginário, a condição narcísica insiste numa vertente de recusa do mundo objetivo. Com o rosto projetado nas águas – enamorado de si mesmo e desconhecedor dos próprios traços –, o efeito da ilusão vê-se tomado por realidade.

Sugerem esses autores – aqui invocados por estarem próximos aos nossos argumentos – que o mundo de Narciso realiza-se sobretudo no plano das imagens, tal é a sua incompatibilidade com o real. Entregue a uma ciranda de reflexos, produzida no interior da subjetividade, apercebe-se do efeito ilusório só quando se dispõe a tocar com a mão a imagem do rio.

Porém, como não obtém resposta das águas que lhe confirme os sentidos e os sentimentos, o fresco encantamento se conduz para um desfecho cruel. Deparado com o vazio das águas, Narciso agoniza a perda do sonho. Em seu lugar, impera o desencanto e a vertigem da queda.

*

Trazidas essas considerações para o mundo da linguagem, o "motivo espiritual" da história grega desce a um plano de imagens e sons que dizem respeito ao sujeito enunciador dos versos. Deparamos então com uma primeira pessoa do singular, que, por sua vez, constitui o urdimento semântico e melódico de um sujeito metido em suas roupas, revolvido em sentimentos, vivendo a sua idade e sua década.

---

7. Gaston Bachelard, *L'Eau et les Rêves*, Paris, Librairie José Corti, 1981, pp. 34-35.

Realidade segunda que é, projetada sobre o papel, a escrita poética mantém o vértice da sua força motriz num ponto obsessivo da subjetividade. Entretanto, para ganhar os ares da expressão, essa mesma subjetividade terá de romper o invólucro em que se encontra, transfigurando-se em matéria constituída por sons e sentidos.

Com certeira concisão, o crítico Alfredo Bosi chamou a esse procedimento de "autismo altivo". Segundo ele, fechada no círculo de suas próprias obsessões ("reprimida, enxotada, avulsa de qualquer contexto"), esta poesia de inspiração radical "só pensa em si, e fala dos seus códigos mais secretos e expõe a nu o esqueleto a que a reduziram". Por fim, conclui: "enlouquecida, faz de Narciso o último deus"[8]. Para tanto, é levada a desprender-se das referências concretas – de espaço e tempo, sobretudo –, de modo a que a loucura impetuosa das imagens sirva de horizonte último, expressão autônoma da condição subjetiva.

Involuntariamente Sá-Carneiro foi capaz de exprimir e sintetizar esse dilema narcísico numa das correspondências enviadas a Fernando Pessoa, quando resume a sua inquietação literária com um breve traçado. Diz ele:

"Linearmente a minha poesia pode-se representar assim:

"Isto é – vem do real, tem uma inflexão perturbada e fugitiva para o irreal, tendo longinquamente nova inflexão para o real, impossível porém já de a atrair"[9].

---

8. Alfredo Bosi, *O Ser e o Tempo da Poesia*. São Paulo, Cultrix, 1977, p. 143.
9. Sá-Carneiro, *Cartas a Fernando Pessoa*, cit., vol. 1, p. 77.

Não deixa de ser curioso que um poeta das sensações tenha concebido uma linha tortuosa a fim de representar os seus estados poéticos. Por meio de forma gráfica, resume ele uma atitude de anseio e fracasso à qual está submetido, colhendo intimidade com o sentimento da dor. Revela também quanto era consciente das linhas de força de seu imaginário, procurando desse modo extrair-lhe o melhor efeito estético.

Exemplo desse movimento de oscilação dramática encontramos em vários de seus poemas, mas selecionamos um especialmente para nos determos com atenção:

A QUEDA

E eu que sou o rei de toda esta incoerência
Eu próprio turbilhão, anseio por fixá-la
E giro até partir... Mas tudo me resvala
Em bruma e sonolência.

Se acaso em minhas mãos fica um pedaço de oiro,
Volve-se logo falso... ao longe o arremesso...
Eu morro de desdém em frente dum tesoiro,
Morro à míngua, de excesso.

Alteio-me na cor à força de quebranto
Estendo os braços de alma – e nem um espasmo venço!...
Peneiro-me na sombra – em nada me condenso...
Agonias de luz eu vibro ainda entanto.

Não me pude vencer, mas posso me esmagar,
– Vencer às vezes é o mesmo que tombar –
E como inda sou luz, num grande retrocesso,
Em raivas ideais ascendo até o fim:
Olho do alto o gelo, ao gelo me arremesso...

Da vertigem de Narciso

....
Tombei...

E fico só esmagado sobre mim!...[10]

Escrito em maio de 1913, o poema segue um desenho próximo à autodefinição do autor, apresentando também uma inflexão para o ideal, insustentável, e que força retorno ao plano da realidade.

Sabemos que, desde há muito tempo, o tema da queda inspirou inúmeros poetas, sobretudo pelo seu fascínio ligado à marginalidade. No contexto dessa tradição, Baudelaire destacou-se como figura inaugural, ao parodiar a si mesmo num conhecido relato: "quando atravessava a avenida, devido à precipitação com que procurava escapar dos carros, a minha auréola partiu-se, indo estatelar-se na lama do asfalto"[11].

A visão de Sá-Carneiro, no entanto, ainda que afinada com a modernidade poética, dá-se num plano menos marcado pela ironia e pelo distanciamento crítico. Ao contrário; filiada ainda à vigorosa tradição portuguesa do decadentismo, a queda de Sá-Carneiro está concebida dentro de um contexto de angústia individual extremada. Coerente com essa visão, o núcleo narcísico do poema revela-se nos termos de um radical conflito subjetivo.

Observação significativa nesse sentido, o poema reúne no interior de apenas 19 versos um total de 23 referências à primeira pessoa, incluindo-se as conjugações verbais e os usos pronominais. Como ocorre em inúmeros poemas do autor, o eu poético mantém-se aí como força dominante; entretanto,

---

10. Sá-Carneiro, *Poesias*, cit., pp. 79-80.
11. Charles Baudelaire, *Escritos Íntimos*, Lisboa, Estampa, 1982, p. 40.

desta vez, já a partir do título acolhe a perspectiva do fracasso seguida à tentativa de ascensão.

Firme na recusa do encantamento puro e simples, a perspectiva do poeta configura-se em drama, fustigado pela desconcertante oposição entre realidade e ilusão: "Se acaso em minhas mãos fica um pedaço de oiro, / Volve-se logo falso... ao longe o arremesso...". Impera, portanto, a ambigüidade entre os pólos; ambigüidade essa que se manifesta até nas minúcias, conforme ficou registrado por Sá-Carneiro num comentário sobre o poema enviado a Fernando Pessoa:

"Quanto à 'Queda'. É claro que o que eu queria dizer, o que eu quis sempre dizer, foi 'sob mim', e apenas numa confusão que me fez escrever 'sobre' mesmo na poesia executada, pois o escrevia sempre com a idéia de debaixo. Entanto agora veja que talvez fosse interessante conservar o 'sobre' – assim poderia como que um desdobramento; eu – alma, viria estatelar-me, esmagar-me não sobre o gelo, mas sobre o meu corpo. Diga, depois de bem pensar, se é preferível conservar o 'sobre' ou mudá-lo para 'sob'"[12].

Não se conhece a resposta do amigo, mas o fato é que o autor acabou optando por manter impressa a sugestão do ato falho, reconhecendo nele uma gama de sentidos adequada ao seu imaginário. Se, de um lado, a manutenção de "sobre" em vez de "sob" sugere a idéia de que a imaginação e o desejo sobrepõem-se à realidade, por outro, esse mesmo movimento ascendente termina com a sensação de abrupto declínio ("Tombei..."), concluindo por um sabor de derrota física manifesta no corpo subjugado pelo sonho ("E fico só esmagado sobre mim").

---

12. Sá-Carneiro, *Cartas a Fernando Pessoa*, cit., vol. 1, pp. 137-138.

Da vertigem de Narciso

Detalhes dessa natureza, embora pareçam insignificantes, na verdade apontam para uma questão mais ampla, se vistos sob o ângulo da modernidade estética. Hugo Friedrich define esse procedimento da poesia moderna como sendo o de uma "idealidade vazia". Para ele, tal conceito retrata um procedimento poético, de origem platônica e místico-cristã, no qual "o espírito ascende a uma transcendência que o transforma a tal ponto que esse, volvendo atrás, penetra o véu que cobre o que é terreno e reconhece a sua verdadeira essência". Em seguida, complementa o seu raciocínio, tomando Baudelaire por referência: "A meta da ascensão não só está distante, como vazia, uma identidade sem conteúdo. Este é um simples pólo de tensão, hiperbolicamente ambicionado, mas jamais atingido"[13].

Não é outro, pois, o sentimento manifesto nos versos "Morro à míngua, de excesso". No caso de Sá-Carneiro, fica evidente que a idealidade vazia tem como princípio básico a polarização dos termos, de modo a reforçar a contingência marginal do poeta. Por essa via, a intensa exploração do contraste sonoro e semântico das imagens invocadas nos poemas serve ao propósito de negar o mundo objetivo, capturando pelo sonho uma visão estetizada da vida.

Baudelaire, abusando da metaforização simbolista, já expressara a consciência desse impasse: "Da vaporização e centralização do Eu. Tudo reside nisso"[14]. São palavras que perfeitamente se aplicam ao poeta português, dividido entre o apelo da identidade e as forças de dispersão (ou, nos termos do poeta francês, o núcleo subjetivo e o vapor circundante).

Particularmente no caso de "A Queda", a construção dos versos enuncia e trabalha esse campo de tensão, perceptível na

---

13. Friedrich, *Estrutura da Lírica Moderna*, cit., p. 48.

14. Baudelaire, *Escritos Íntimos*, cit., p. 67.

Narciso em sacrifício

composição geral e nos detalhes. Voltemos, então, ao poema. Basicamente, ele apresenta uma enumeração sucessiva de imagens, com rupturas marcadas por conjunções do tipo adversativo ("mas"), condicional ("se") ou aditivo ("e"). Na primeira estrofe, por exemplo, temos uma extensa enumeração ("E eu que sou o rei", "Eu próprio turbilhão", "E giro até partir...") interrompida pela adversidade ("Mas tudo me resvala / Em bruma e sonolência").

Essa mesma polarização se repete na estrofe seguinte, com a proposição idealizada restrita ao primeiro verso, mas desde o início relativizada pela partícula condicional ("Se acaso em minhas mãos fica um pedaço de oiro"), acompanhada dos três versos seguintes em que se representa a vertigem da queda: "Volve-se logo falso...", "Eu morro de desdém", "Morro à míngua".

Na seqüência, não por acaso a terceira estrofe alterna proposições de idealidade e decaída, mantendo o efeito de tensão que concerne ao poema como um todo. Nos dois primeiros versos do trecho, há duas figuras de idealização ("Alteio-me na cor", "Estendo os braços de alma") contra uma invocação negativa ("– e nem um espasmo venço!..."), enquanto nos dois últimos versos a proporção se inverte e constatamos duas proposições de queda ("Peneiro-me na sombra", "– em nada me condenso...") antecedendo um espasmo ascendente ("Agonias de luz eu vibro ainda entanto").

A quarta estrofe, mantendo-se coerente com as anteriores, prepara em cinco versos o desfecho: constata a derrota do ideal ("Não me pude vencer"), ao mesmo tempo que reafirma pela mão do poeta o seu destino ("mas posso me esmagar"). Logo em seguida, "– Vencer às vezes é o mesmo que tombar –" figura como epigrama-síntese da recuperação às avessas de sua própria identidade. Reforçando essa perspectiva, os versos seguintes invocam as oposições finais de tempo ("num grande retrocesso", o poeta como portador de luz se vê projetado até o fim "em raivas ideais") e de espaço ("Olho do alto o gelo, ao gelo me arremesso...").

Outro detalhe importante é que a vertigem da queda está também configurada através de reticências que dividem o poema em duas partes distintas. Assim, tendo o poeta malogrado na idealização que de si mesmo fez, resta-lhe tãosomente inscrever-se em outro lugar, antípoda ao sonho: "E fico só esmagado sobre mim!...".

Atirado por sobre o próprio corpo/realidade, caído, aquém do ser que havia sonhado – a vazia idealidade do poeta cumpre uma quimera de sonho e revelação fatal.

Não está muito distante, portanto, da visão que Ovídio teve para os momentos finais de Narciso, conforme deixou registrado na versão poética em que tratou do tema. De acordo com a sua imaginação, o amoroso de si mesmo nunca chega a saber que ama a própria imagem, e o definhamento ocorre ignorante de sua condição; ao fim, permanece "estirado na relva opaca, não se cansa de olhar seu falso enlevo, / E por seus próprios olhos morre de amor"[15].

Sá-Carneiro também se cansa do falso enlevo e, derrotado, esmaga-se a si mesmo. Embaraçado na parábola da lenda, adota um verso de Pessoa como epígrafe de sua paradoxal condição: "O que sonhei, morri-o".

*

Atraído pelo sol, também Ícaro vive o sonho de integrar-se à Luz sem perceber que as próprias asas definham. Em pleno vôo, o fascínio da ascensão produz inversamente a fragilidade

---

15. *Apud* Junito Brandão, *Mitologia Grega*, Rio de Janeiro, 1988, vol. 2, p. 181.

Narciso em sacrifício

que resulta na decaída. Ou ainda: outra maneira de enxergar esse mesmo mito seria a de considerar a elevação de Ícaro como a de um pássaro obsessivo. Tocado pelo brilho do sonho, o homem dotado de asas e da firme persistência acabaria urdindo o próprio definhamento.

Temos, porém, duas representações distintas para o sentido comum da Queda. Em Narciso, esse movimento está associado a uma revelação abrupta e radical: "porque é a mim que amo, nunca em verdade terei companhia alguma". É, pois, no interior do próprio imaginário que a ilusão se despe e apresenta a imagem terrível.

Não é propriamente uma Queda no âmbito do espaço que a experiência narcísica experimenta, mas sim uma espécie de curto-circuito invertendo o sinal das coisas – tal como vem claramente expresso num trecho do poema "Além Tédio", reproduzido a seguir:

> *Outrora imaginei escalar os céus*
> *À força de ambição e nostalgia,*
> *E doente-de-Novo, fui-me Deus*
> *No grande rastro fulvo que me ardia.*
>
> *Parti. Mas logo regressei à dor,*
> *Pois tudo me ruiu... Tudo era igual:*
> *A quimera, cingida, era real,*
> *A própria maravilha tinha cor!*
>
> *Ecoando-me em silêncio, a noite escura*
> *Baixou-me assim na queda sem remédio;*
> *Eu próprio me traguei na profundura,*
> *Me sequei todo, endureci de tédio.*[16]

---

16. Sá-Carneiro, *Poesias*, cit., pp. 73-74.

É bem verdade que a primeira estrofe representa a ascensão de Ícaro ao elevado plano do absoluto brilho, encarnando o Novo e Deus num rastro fulvo que ardeu no passado. A escala aos céus, por força da ambição, constitui a verve do movimento ascendente. Mas já a estrofe seguinte invoca a dor de perceber a artificialidade da quimera; mesmo a ênfase das cores não o fascina tanto, pois constitui uma degradação em comparação à luz suprema.

Por fim, a noite escura e a Queda: "Eu próprio me traguei na profundura, / Me sequei todo, endureci de tédio". Não são propriamente palavras que lembrem a aventura de quem ruma em direção ao Sol, ainda que o desfibrar da morte esteja-lhe derretendo as asas. Além do mais, tédio é uma palavra riscada do imaginário de Ícaro.

Narciso, sim, seca e definha após a revelação da noite escura. Vê-se sem remédio, envenenado dos próprios sonhos que tivera. A coragem que lhe resta portanto será a de entregar-se a um perverso sentimento:

E só me resta hoje uma alegria:
É que, de tão iguais e tão vazios,
Os instantes me esvoam dia a dia
Cada vez mais velozes, mais esguios...

Com essa estrofe final encerra-se o poema e o lamento de Sá-Carneiro, que tomou a poesia por espelho do enredo fatal de sua vida. Ao longo de apenas três anos (1913-1916) escreveu intensamente e transferiu aos seus poemas uma carga de angústia que (não) lhe cabia na alma. Durante esse tempo ele também cultivou essa mordaz alegria de representar-se na voz de um sujeito sacrificado. Mas esse já é um outro atalho ao qual voltaremos em páginas adiante.

IV
Da poesia em estado de vivência

Santa Rita Pintor e Sá-Carneiro na visão de Stuart (s/d).

Da poesia em estado de vivência

Na última carta endereçada ao amigo em Lisboa, e que nem mesmo chegou a ser postada em vida, Sá-Carneiro entrega-se a uma linguagem telegráfica e confusa para dar conta do seu estado. Escrita oito dias antes do suicídio, corresponde também a um momento de balanço de vida. Sem meias palavras:

"Unicamente para comunicar consigo, meu querido Fernando Pessoa. Escreva-me muito – de joelhos lhe suplico. Não sei nada, nada, nada. Só o meu egoísmo podia me salvar. Mas tenho tanto medo da ausência. Depois – para tudo perder, não valia a pena tanto escoucear. Doido! Doido! Doido! Tenha muita pena de mim. E no fundo tanta cambalhota. E vexames. Que fiz do meu pobre orgulho? Veja o meu horóscopo. É agora, mais do que nunca, o momento. Diga. Não tenho medo. Estou com cuidado no meu caderno de versos. De resto o meu amigo tem cópia de todos. Informe-me. Pelo mesmo correio um cartão que dará ao Santa-Rita, pois perdi-lhe o endereço. Adeus. Mil abraços. Escreva ao Mário de Sá-Carneiro"[1].

1. Sá-Carneiro, *Cartas a Fernando Pessoa*, cit., vol. 2, p. 183.

Narciso em sacrifício

Subscrita de ansiedade, aos tropeços, a mensagem permanece ambígua entre um pedido de comunicação e a despedida. Expressa uma voz narcísica, sem dúvida, mas vencida pelo desencanto, cruel consigo mesma. Traz uma tal mistura de assuntos e humores que certamente reflete o alto grau de angústia sofrida naqueles dias.

Tomado pelo sentimento do fim inevitável, quer ter a certeza de que os seus poemas não se perderão. Debatendo-se, inseguro, o poeta quer salvar o caderno de versos, evitar o seu extravio ou anonimato, derradeiro desejo para um caminho atormentado. "De resto o meu amigo tem cópia de todos", ainda se assegura.

Até em ritmo, o desabafo da confissão íntima se assemelha ao vertiginoso dos poemas, como se a ambos coubesse uma respiração comum. Dizeres opostos – "tenha muita pena de mim" e "não tenho medo" – convergem para uma pergunta franca e severa: "Que fiz do meu pobre orgulho?", ao que sucede uma leva de frases soltas e (aparentemente) disparatadas.

Artista jovem e comprometido com o ato extremo, Sá-Carneiro quer salvar o seu caderno de versos, vale dizer, anseia por extrapolar a vida corriqueira em nome de uma intencionalidade formada em torno a palavras, sons e ritmos – consonante ao "sentimento do mundo" que carrega, inconformado com a dor. Mais que programa poético, uma decisão de vida.

Se, como afirmou Pessoa, "a única realidade da vida é a sensação", cabe ao poeta justamente desenvolver a desejada consciência frente ao rol de sensações percebidas. Sá-Carneiro bem pode ter sido o inspirador desta máxima pessoana e certamente encarna uma de suas possibilidades, pois

Da poesia em estado de vivência

desde cedo demonstrou aguda consciência do futuro a ele reservado.

Numa das primeiras cartas enviadas a Pessoa, quando ainda contava 22 anos, ao falar de si o autor utilizava imagens que demonstravam um claro entendimento do desafio que o aguardava no futuro:

"Eu decido correr a uma provável desilusão. E uma manhã recebo na alma mais uma vergastada – prova real dessa desilusão. Era o momento de o recuar. Mas eu não recuo. Sei já, positivamente sei, que só há ruínas no termo do beco, e continuo a correr para ele até que os braços se me partem de encontro ao muro espesso do beco sem saída"[2].

A confissão deixa de lado o tom de desabafo e, em seu lugar, apropriando-se de um uso seguido de metáforas, alcança a expressão racional de um pensamento convicto e decidido ao risco. Encontramos eco desse pensamento também em seus versos, como no exemplo: "A última ilusão foi partir os espelhos – / E nas salas ducais, os frisos de esculturas / Desfizeram-se em pó... Todas as bordaduras / Caíram de repente aos reposteiros velhos"[3]. Em ambos os trechos nota-se uma dicção intelectualizada, expressa pela consciência de uma situação dramática, representada em lances metafóricos.

Essa intelectualização reforça o aspecto consciente da produção literária – nutrindo-se de conteúdos tradicionais, mas igualmente influenciada pelos valores de vanguarda que despontam com o novo século. Por outro lado, o prenúncio de

---

2. Sá-Carneiro, *Cartas a Fernando Pessoa*, cit., vol. 1, p. 52.

3. Sá-Carneiro, *Poesias*, cit., p. 110.

um fim "sem saída" acaba por remeter o autor a um conjunto de impulsos e imagens que anunciam, e prenunciam, o seu impasse estético.

A despeito da profusão de estímulos embaralhando os sentidos, o sujeito poético de Sá-Carneiro opera também uma apropriação estética daquilo que sente. Optando por uma estratégia oposta à do fingidor, interessa-lhe expressar com rigor a percepção aguda desperta em sua mente e imaginação.

Para se compreender alguns meandros importantes deste jogo pendular e sutil entre atenção e intenção estética, vale a pena recorrer à conhecida definição apontada por Walter Benjamin entre o conceito de vivência e o de experiência, formulados a partir do exemplo baudelairiano. Depois de apontar Baudelaire como o pioneiro de uma nova relação entre a obra e o público, entre o escritor e a multidão da cidade, o crítico alemão propõe estes dois conceitos na qualidade de linhas de força determinantes no processo da criação poética[4].

Em termos resumidos, o plano da experiência liga-se à noção de memória involuntária, segundo o que está proposto nas obras de Bergson e de Freud. Não se refere propriamente a uma conduta de rememoração, com marcos fixos no passado, que o sujeito recupera em comparação com o presente. Antes, a experiência (no parecer de Benjamin) insere-se numa relação com a "matéria da tradição", incluindo-se nessa categoria os fatos, idéias e imagens associados a um passado individual e coletivo.

A partir desse contato, sucede a aderência às ocorrências presentes; ou seja, as evidências do real cruzam os seus sinais

---

4. Idéias que estão desenvolvidas sobretudo no ensaio "Sobre Alguns Temas em Baudelaire", em Walter Benjamin, *Obras Escolhidas*, São Paulo, Brasiliense, 1989, vol. 3.

Da poesia em estado de vivência

com os da experiência incorporada à imaginação. Exemplo vivo desse procedimento encontra-se na *Recherche* de Marcel Proust, em que a lembrança de fatos e imagens vividas surge, como se sabe, a partir do contato com o sabor particular das *madeleines* e o passado nelas representado.

Por conseguinte, o conceito de experiência sugere a super-posição, em níveis ligados ao inconsciente, de uma série de marcos e dimensões figurados no tempo pregresso, alterando a percepção do presente. Superpondo o espectro do vivido ao movimento do agora, temos como que um espessamento do ato de olhar, desencadeando uma dialética própria entre os sinais da realidade e a ótica preexistente do sujeito.

Já a vivência benjaminiana segue por outro viés. Ela se liga sobretudo ao estado de alerta que a consciência desenvolve em relação aos sucessivos choques produzidos por estímulos externos. Vivenciar a realidade nessa dimensão, sem o compromisso e as amarras de uma "experiência" passada, expõe o sujeito a uma imediatidade, a cujas impressões a consciência se vê compelida a responder.

À medida que o real instiga o indivíduo, a consciência pessoal instaura-se como reflexo direto desses estímulos – e esta será a tônica da vivência. O sujeito abre mão de sobrepor o espectro da experiência diante dos choques produzidos pela realidade, ocasionando, por revés, o sobressalto e a plena vigência dos impulsos.

Definidos os termos, podemos então alargar o raciocínio e afirmar que parte expressiva da poesia moderna constitui a "experiência" como fundamento de sua abordagem do real. Desse modo, a distância que separa os choques do mundo, estimulada pela consciência do sujeito poético, termina atravessada por um arco de conceitos e imagens preexistentes, de modo que os impulsos vividos mantenham contato com ocorrências análogas.

81

Narciso em sacrifício

No entender de Benjamin, é justamente esta posição diante da realidade que constitui a novidade estética de Baudelaire, inaugurando uma vertente fecunda para a lírica moderna. Segundo o crítico, a renovação promovida pelo poeta francês pode ser comparada à "imagem crua de um duelo, em que o artista, antes de ser vencido, lança um grito de susto. Este duelo é o próprio processo de criação. Assim, Baudelaire inseriu a experiência do choque no âmago de seu trabalho artístico"[5].

Uma outra maneira de entender este fenômeno (a experiência do choque) será a de considerá-lo como um afastamento cada vez maior do imaginário desenvolvido pelo classicismo – predominante até o final do século XVIII – que não valorizava a subjetividade do artista dentro da perspectiva estética. Rompendo com os modelos de composição tradicional, e promovendo uma rotação tão significativa de imaginário, a atitude moderna em termos de poesia acaba ao fim por produzir uma dimensão humana (e, portanto, sensorial e precária) ao olhar da palavra poética.

Rimbaud, o genial autor de *Iluminations* e *Une saison en enfer*, foi sem dúvida um radical quanto à ampliação da atenção poética. Dono de uma imaginação poderosa e de uma rara habilidade no trato das palavras, desde os primeiros textos criou um imaginário de caráter intensivo, dissonante, expressando uma resposta contra a degradação da sensibilidade comum.

Indisposto com os literatos e as literatices em vigência, não se intimidou em confrontar as regras estabelecidas: "Chega de frases. Enterro os mortos no meu ventre. Gritos, tambor,

---

5. *Ibidem*, vol. 3, p. 111.

dança, dança, dança, dança! Não vejo nem mesmo a hora em que, desembarcando os brancos, tombarei no vácuo"[6]. E por renegar o artifício das frases e trazer a expressão ao nível do corpo, sai do ventre do poeta o grito que representa a sua difícil condição.

Certamente Sá-Carneiro poderia ter subscrito estas palavras de Rimbaud, pois também a ele tocava o ímpeto de cair no "vácuo".

*

É comum que o jogo de espelhos entre a experiência e a vivência seja relacionado a uma certa idéia de trânsito pela cidade. Em meio ao espaço público, torna-se inevitável o contato dos sentidos com os estímulos do ambiente, provocando um desdobramento criativo dessa mesma percepção através da expressão poética.

Enquanto morou em Paris, Sá-Carneiro saía com freqüência do seu quarto de hotel e dirigia-se a um café próximo. Abominava o álcool, dispensava o absinto e a cocaína, não fumava nem jogava. Mas ia com freqüência ao Café Ritche, onde costumava sentar-se sob os adornos do vidro à entrada. Daquele posto de observação podia desferir sobre o meio circundante um olhar ativado por imagens interiores.

Vários de seus poemas e cartas, mesmo a última dirigida a Pessoa, foram concebidos em meio ao murmurinho urbano. Sua estadia na capital francesa, aliás, foi quase totalmente desfrutada entre o refúgio do hotel e as mesas dos cafés, no melhor estilo de *bon vivant*. Sempre que lhe faltava o dinheiro

---

6. Arthur Rimbaud, *Uma Estadia no Inferno*, Rio de Janeiro, Civilização Brasileira, 1977, p. 57.

necessário para essa disponibilidade – garantido pelo pai –, decaía em crises agudas e retornava à idéia de suicídio.

Certa vez, ao enviar ao amigo a cópia de suas "Sete Canções de Declínio" – que ele considerava poemas de qualidade duvidosa, à beira da pilhéria, mas contendo um mistério que não compreendia –, Sá-Carneiro julgou necessário explicar a referência de uma das canções ao *Matin*, jornal parisiense. Nessa carta, bem ao modo de um *flâneur*, ele registra o testemunho de um "choque":

"[...] o *MATIN* fica em pleno *Boulevard*: é todo envidraçado, vendo-se trabalhar as máquinas rotativas e as *Linotype* – cujo barulho dos teclados se sente distintamente, amortecido, da rua. Esse barulho sintetiza para mim a ânsia do "papel impresso", a beleza das tipografias – o sortilégio moderno da "grande transformação". Sinto isso tanto – tanto me embevece, quando passo em frente do *MATIN*, o discreto martelar das *Linotype* que até deixei ficar o verso forçado, como verá"[7].

O verso em questão faz parte de um poema longo de 17 quartetos e que, já na primeira estrofe, anuncia o propósito de apresentar uma "Vaga lenda facetada / A imprevistos e miragens – / Um grande livro de imagens, / uma toalha bordada...[8]" ... o que de fato se confirma com o que vem a seguir: uma enumeração contínua de percepções várias, apresentadas e representadas por uma delicada música de sílabas.

Do conjunto, sobressai uma sucessão rápida de metáforas, próxima da confusão, mas que ao final resulta num efeito de intensidade e rodopio, como se pode notar no trecho seguinte:

---

7. Sá-Carneiro, *Cartas a Fernando Pessoa*, cit., vol. 2, p. 50.

8. Canção Quinta do conjunto "Sete Canções do Declínio", em Sá-Carneiro, *Poesias*, cit., p. 124.

Da poesia em estado de vivência

"[...]
Viagem circulatória
Num expresso de vagões-leitos –
Balão aceso – defeitos
De instalação provisória...

Palace cosmopolita
De rastaquoueres *e* coccotes
Audaciosos decotes
Duma francesa bonita

Confusão de music-hall,
Aplausos de brou-u-há –
Interminável sofá
Dum estofo profundo e mole

Pinturas a "ripolin"
Anúncios pelos telhados –
O barulho dos teclados
Das Lynotype do Matin
[...]
Seja enfim a minha vida
Tarada de ócios e Lua:
Vida de Café e rua,
Dolorosa, suspendida –
[...]" [9]

Lidos os versos, podemos compreender por que a expressão "*Linotype* do *Matin*" acabou sendo mantida à força, como está dito na carta. Para além do jogo sonoro presente na alite-

---

9. *Ibidem*, p. 125.

Narciso em sacrifício

ração de "t" e "n", a manutenção dos francesismos se justifica por ter sido inspirada na observação direta. Impactado pela cena, o autor não teve dúvidas em manter as palavras, mesmo desobedecendo à métrica, convencido de nelas reproduzir o frenesi da gráfica do jornal.

Vários índices aparecem representados por termos que estavam em moda na época ou associados ao espírito novo que surgia em Paris: vagões-leito, *coccotes*, anúncios nos telhados... e outros mais. Em ritmo de galope, a sucessão ágil de nomes e expressões propõe-se aqui a figurar o duelo do artista, dividido que se encontra entre a matéria dos sentidos e a ambição por absoluto. Mas, por sobre o fracasso, resta o efeito redentor dos poemas.

O mesmo sentimento reaparece em "Apoteose", um de seus últimos textos escritos em vida, só que desta vez escrito sem o costumeiro rigor formal que o obcecava. Deve ter sido escrito de um jato, num espírito voluntário de imitação do estilo retórico de Marinetti. Marginal em relação ao *corpus* central da obra, ainda assim é um poema curioso para nos fazer entender o olhar acionado pelo autor e igualmente curioso por tanto lembrar algumas das odes de Álvaro de Campos.

Como já define o título, trata-se de uma apresentação feérica de imagens e percepções urbanas que levam-no a construir um texto interferido constantemente por números, letras em tipo diverso – recurso característico do dadaísmo e do futurismo –, bem como uma série de sons sugeridos pela grafia, criando uma dinâmica de leitura totalmente oposta à dos seus poemas regulares.

Mas ainda que tenha sido um experimento, o foco que o poema apresenta é o de um observador entusiasmado pela excitação urbana representada pelas luzes, novidades e mar-

Da poesia em estado de vivência

cas de produtos que disputam o espaço público[10]. O olhar aberto declara-se enfim receptivo a tudo, mas com uma finalidade logo após tornada clara:

> *"[...]*
> *Tudo isto, porém, tudo isto, de novo eu refiro ao Ar*
> *Pois toda esta Beleza ondeia lá também:*
> *Números e letras, firmas e cartazes –*
> *Altos-relevos, ornamentação!... –*
> *Palavras em liberdade, sons sem-fio,*

Curioso efeito que o seu raciocínio promove, a realidade urbana serve para dar gravidade ao espaço e não o contrário como normalmente nos é dado perceber: quando a presença do ar é que afirma o espaço e a realidade circundante. É como se o "Ar" a que se refere o poema aspirasse a uma outra qualidade de ser, para além das lâmpadas, cartazes e coloridos das ruas. À sua poesia, enquanto está sentado no Café e registra os pensamentos, o que interessa é o contato com esse espaço "aéreo", indicativo de outra dimensão.

Mas logo que o poeta se levanta da mesa, sente o gosto do fracasso. Sabe que sua ambição é desmedida e está destinada ao sofrimento. A partir desse ponto, o poema inverte completamente a visão subjetiva da situação:

---

10. Reaparece neste poema a referência ao *Matin*: "Seremo. /Em minha face assenta-se um estrangeiro / Que desdobra o 'Matin'. / Meus olhos já tranqüilos de espaço, / Ei-los que, ao antever de longe os caracteres, / Começam a vibrar / Toda a nova sensibilidade tipográfica / Eh-lá! grosso normando das manchetes em sensação! / Itálico afilado das crônicas diárias! / Corpo-12 romano, instalado, burguês e confortável! / Góticos, cursivos, rondas, inglesas, capitais!"

Narciso em sacrifício

> *Levanto-me...*
> *– Derrota!*
> *Ao fundo, em maior excesso, há espelhos que refletem*
> *Tudo quanto oscila pelo Ar:*
> *Mais belo através deles,*
> *A mais sutil destaque...*
> *– Ó sonho desprendido, ó luar errado,*
> *Nunca em meus versos poderei cantar,*
> *Como ansiara, até ao espasmo e ao Oiro,*
> *Toda essa beleza inatingível,*
> *Essa beleza pura!*
>
> *Rolo de mim por uma escada abaixo...*
> *Minhas mãos aperreio,*
> *Esqueço-me de todo da idéia de que as pintava...*
> *E os dentes a ranger, os olhos desviados,*
> *Sem chapéu, como um possesso:*
> *Decido-me!*
> *Corro então para a rua aos pinotes e aos gritos:*
>
> *– Hilá! Hilá! Hilá-hô! Eh! Eh!...*
>
> *Tum... tum... tum... tum tum tum tum...*
> *[...]"*

Ao que o poema continua na página oposta com um conjunto de letras compondo palavras sonoras e sem nexo, em tamanhos crescentes, sugerindo a idéia de dissipação das letras no espaço, no Ar. Derrota.

Imagem obsessiva do autor, recorrente mesmo num estado de descontração textual como este, sugere a impressão de que possivelmente a decisão do suicídio, mantida no

Da poesia em estado de vivência

âmago, antecede mesmo a sua busca estética e, mais que isso, direciona o impulso de sua criação. A salvação.

Sob múltiplas variantes, o tema do fracasso reaparece. Constitui mesmo uma sina recorrente, apresentada sob distintas imagens e versos, em poemas de tamanhos diversos, e pode até mesmo ganhar a forma de um quarteto singelo, escrito num tom de breve aquarela:

> *Meu alvoroço de oiro e lua*
> *Tinha por fim que transbordar...*
> *– Caiu-me a alma no meio da rua,*
> *E não a posso ir apanhar!*[11]

*

É do barulho das máquinas (do *Matin*) que surge a "ânsia do papel impresso", escreveu Sá-Carneiro ao amigo, para depois acrescentar uma inesperada referência ao "sortilégio moderno da 'grande transformação'".

Anotação fortuita, espontânea, mas também abstrata e ambiciosa. Coincide, por vias transversas, com o contraponto sugerido por Benjamim para o contexto da modernidade poética. Simplificando os conceitos, temos, de um lado, a excitação das ruas e das impressoras do jornal como uma percepção relacionada aos impulsos da vivência; de outro, surge num repente a associação com o "sortilégio moderno da 'grande transformação'", expressão abstrata e provavelmente relacionada a conteúdos da experiência.

Entre um plano e outro, a cifra enigmática: um hífen.

Entrelaçadas, experiência e vivência operam como pólos geradores de um campo de imagens consolidado nos textos.

---

11. *Ibidem*, p. 129.

Narciso em sacrifício

Ao poeta, cabe assumir um ponto de vista, criar para si um posto de observação da realidade e com uma consciência das sensações que engendre a expressão escrita.

Assim, a sensibilidade poética começa na percepção pessoal dos "choques" da realidade para, ao cabo, dar conta de imagens que expressam um drama que é mais amplo, impessoal. Experiência do impessoal, digamos. Do que Sá-Carneiro, à sua maneira, nos deixa um exemplo autêntico e raro.

V
Da multiplicação dos sentidos (1)

Carteira do estudante de direito em Paris, enviada como recordação final ao amigo Fernando Pessoa, pouco antes do suicídio.

Da multiplicação dos sentidos (1)

Inspirado no modelo das vanguardas do seu tempo, a ótica sensacionista proposta por Fernando Pessoa – e que teve em Sá-Carneiro a sua realização mais acabada – procurava articular uma dicção teórica em justificativa ao imaginário da criação poética. Inspirados por uma entrega exigente ao exercício da poesia, a ligação entre os dois cultivava também uma razão elevada para os seus propósitos.

Exemplo disso, ao propor a um editor inglês a publicação de uma antologia de poetas sensacionistas portugueses, Fernando Pessoa se julgou no dever de expressar de maneira cabal a sua visão de poesia:

"Afirmo por vezes que um poema [...] é uma pessoa, um ser humano vivo, pertencente pela presença corpórea e autêntica existência carnal a outro mundo para o qual a nossa imaginação o projeta, e que o aspecto com que se nos apresenta, ao lermo-lo neste mundo, nada mais é do que a sombra imperfeita da realidade da beleza que alhures é divina"[1].

Embora a seguir ele mesmo reconsidere esse tortuoso raciocínio, confessando a incoerência de suas proposições –

---

1. Pessoa, *Obra Completa em Prosa*, pp. 432-433.

algumas linhas antes defendera preceitos que aponta como pagãos –, não deixa de ser uma proposição sugestiva e com desdobramentos. Nela, Pessoa retoma a idéia aristotélica que compara o poema perfeito a um animal e sustenta, a partir daí, uma visão anímica do fato poético, propondo que o poema seja uma projeção imaginativa do poeta para um "outro mundo".

A rigor, a definição de Pessoa supõe o poema como um fenômeno a ser construído mentalmente, mas a ser motivado por uma nobreza de motivos. Se aproximarmos tal concepção aos versos de Sá-Carneiro, o raciocínio se confirma, sobretudo se entendermos o plano das sensações como uma face visível desse outro mundo, fio que supõe a trama.

Temos assinalado algumas vezes nestes ensaios o quanto a idéia de sensação estaria associada, em Sá-Carneiro, ao trabalho de desvendar camadas subjacentes à realidade, como forma de contato com a diferença, com "outras possibilidades". Sensação e conhecimento estariam associados num movimento único, interdependentes, cabendo ao leitor tornar-se testemunha dos seus cursos.

Eixo de um tal móbile de sensações, o eu poético desempenha aí um papel vital. Parte dele, apóia-se nele, gira em torno dele todo o carrossel de imagens que põe em movimento, como sugere o próprio Sá-Carneiro numa de suas cartas:

"Tudo o que me entusiasma, me influencia instintivamente. E só me orgulho por isso. Só quem teve dentro de si *alguma coisa* pode ser influenciado. Quando este verão nos encontrarmos, muito lhe falarei do meu *eu* artístico; das minhas qualidades, dos meus defeitos. E tudo se reduz nisto, dito sem modéstia: uma imaginação admirável, bom material para a 'realização'; mas um mau operário – pelo

Da multiplicação dos sentidos (1)

menos um operário deficiente, que se distrai, se esquece e envereda"[2].

Curiosamente, deparamos neste trecho com os três princípios componentes do organismo poético (Sensação, Sugestão e Construção), na mesma ordem em que foram enunciados por Pessoa ao definir a idéia sensacionista[3]:

"1) Sensação: 'Tudo o que me entusiasma, me influencia instintivamente'.

"2) Sugestão (que Pessoa assim definira em seu escrito: 'a sensação deve ser expressa de tal modo que tenha a possibilidade de evocar – como um halo em torno de uma manifestação central definida – o maior número possível de outras sensações'); em Sá-Carneiro encontra a equivalência seguinte: 'Só quem tem *alguma coisa* dentro de si pode ser influenciado'.

"3) Construção: 'Uma imaginação admirável, bom material para a 'realização'; mas um mau operário...'".

É surpreendente, e sugestiva, a confluência dessas duas passagens. Reafirmam como idéia comum a crença de que a sensação anima o centro volitivo da criação.

Mas em Sá-Carneiro a percepção dos sentidos está relacionada de modo direto à qualidade física dos estímulos. A partir das noções de cor, som, odor e movimento, a evidência do mundo encontra paralelo nas sensações do sujeito poético e elas são por ele mobilizadas. Quanto a esse aspecto, a obra de Sá-Carneiro oferece uma realização notável.

O verso "Viajar outros sentidos, outras vidas", do poema "Partida", bem pode resumir o seu propósito de entrecruzar imagens vivas com o sentimento da alma. O paralelismo apontado entre "sentidos" e "vidas" encarrega-se de sugerir a com-

---

2. Sá-Carneiro, *Cartas a Fernando Pessoa*, cit., vol. 1, p. 105.

3. Reproduzido nas páginas 43-44 deste livro dentro do capítulo "Da ansiedade sensacionista".

plementaridade presente na raiz da criação poética, união esta que se torna possível por meio do verbo viajar. Seu significado, ao lado de ter uma conotação sensitiva, remete também a toda uma dimensão que implica espaço e movimento. É como se o poeta desejasse "percorrer" outros sentidos e vidas enquanto redenção para um destino marcado pela dor suprema.

Viajar, pois, conforme o autor desenvolve no mesmo poema, equivale a "... partir sem temor contra a montanha / cingidos de quimera e de irreal", ou ainda "forçar os turbilhões aladamente, / ser ramo de palmeira, água nascente / e arco de oiro e chama distendido". Temos aí o vislumbre de outras possibilidades a suscitar a configuração de uma espacialidade virtual e própria.

Esse espaço "original", por sua vez, não se refere necessariamente a um espaço "real", no sentido corrente. Embora em algumas ocasiões nomeie elementos da realidade, o espaço poético invocado por Sá-Carneiro procura configurar-se como um dado imaginário; atento ao movimento perspectivo dos sentidos, interessa ao autor construir em suas imagens uma visualização espacial da viagem interior. O que nos faz voltar à definição de Pessoa, no início deste texto, quando se refere ao poema projetado em "outro mundo".

A atitude de viajar encontra-se assim reforçada na dimensão simbólica. Não chega a ser estranho, pois, que esse verbo esteja com freqüência relacionado com a idéia de altura, em cuja ascensão o poeta se empenha. É também usual o emprego de múltiplos verbos com essa conotação, entrecruzando os conceitos de espaço e movimento. Subir, saltar, correr, fugir, brandir são apenas alguns exemplos coletados no poema "Partida", aos quais se pode acrescentar uma série numerosa de outros.

Do mesmo modo, reproduzindo o conceito de altura, ainda que inversamente, existem as palavras ligadas à descensão, metaforizando por meio de movimento a queda do poeta. No poema "Dispersão", por exemplo, no qual é temati-

Da multiplicação dos sentidos (1)

zada a desfiguração do eu poético, diversos verbos apontam para a sensação de declínio: cair, abismar, fechar, desmantelar, e alguns outros.

No arco percorrido entre a idealidade da subida e a irrefutável circunstância da queda estabelece-se uma tensão semântica que diz respeito ao martírio do sujeito. Como já esteve aqui assinalado, essa tensão está ligada ao que o poeta sugere já no título de seu primeiro e único livro de poemas publicado em vida: dispersão/dispersona.

Em torno aos meandros vertiginosos de subir, descer, dissipar, o que Sá-Carneiro sugere é uma vivência hiperbólica e intensificada da espacialidade. Para tanto, não deixa de haver aí o trabalho da consciência, e até uma certa intencionalidade de abeirar-se do estado de vertigem. No poema "Partida", por exemplo, algumas de suas frases o anunciam com clareza: "Sinto meus olhos volver-se em espaço! / Alastro, venço, chego e ultrapasso: / Sou labirinto, sou licorne e acanto". Bem se pode depreender desses versos a confirmação do elo estabelecido entre o ato de viajar e a ansiedade manifesta por renovados horizontes da sensação.

O olhar identificado com o espaço representa-se pelo movimento ("alastro, venço, chego e ultrapasso"), cujo princípio se remete à diversidade de experiências ("sou labirinto, sou licorne e acanto"). No caso deste verso, é importante salientar, as três identidades citadas em torno do verbo ser citam uma diversidade de elementos de distinta natureza: o espacial, o animal e o vegetal.

Mas não é só pelo uso verbal que o poeta nomeia o seu estado em trânsito. Esse procedimento também se vê reforçado pela referência contínua a uma série de substantivos abstratos relacionados com a idéia de movimento: ânsia, ascensão, espasmo, vertigem, turbilhão. São apenas alguns exemplos de como, em Sá-Carneiro, o movimento se superpõe à dimensão espacial, a reboque dos sentidos. Quer dizer, o espaço existe e é configurado na mesma medida em que o sujeito o vivencia: "rei de toda esta incoerência".

*

Alucinante, a plasticidade do poeta estende-se também por som e cor, por ouro e véu, acordes e perfumes... o corpo inteiro mobilizado em sensação, como se poderá ler no poema transcrito a seguir:

DISTANTE MELODIA

Num sonho de íris morto a oiro e brasa,
Vêm-me lembranças doutro Tempo azul
Que me oscilava entre véus de tule –
Um tempo esguio e leve, um tempo-Asa.

Então os meus sentidos eram cores,
Nasciam num jardim as minhas ânsias,
Havia na minha alma Outras distâncias –
Distâncias que o segui-las era flores

Caía Oiro se pensava Estrelas,
O luar batia sobre o meu alhear-me...
– Noites-lagoas, como éreis belas
Sob terraços-lis de recordar-me!...

Idade acorde de Inter-sonho e Lua,
Onde as horas corriam sempre jade,
Onde a neblina era uma saudade,
E a luz – anseios de Princesa nua...

Da multiplicação dos sentidos (1)

Balaústres de som, arcos de Amar,
Pontes de brilho, ogivas de perfume...
Domínio inexprimível de Ópio e lume
Que nunca mais, em cor, hei-de habitar...

Tapetes de outras Pérsias mais Oriente...
Cortinados de Chinas mais marfim...
Áureos Templos de ritos de cetim...
Fontes correndo sombra, mansamente...

Zimbórios-panteões de nostalgias,
Catedrais de ser-Eu por sobre o mar...
Escadas de honra, escadas só, ao ar...
Novas Bizâncios-Alma, outras Turquias...

Lembranças fluidas... Cinza em brocado...
Irrealidade anil que em mim ondeia...
– Ao meu redor eu sou Rei exilado,
Vagabundo dum sonho de sereia...[4]

Retorna o tema do passado, transfigurado em espaço-tempo, quando os "sentidos eram cores". O próprio título, ligado à musica, de certo modo reitera o caráter de "sucessão rítmica, ascendente ou descendente", que caracteriza a definição que o dicionário confere à palavra melodia. Não por acaso a idealização vê-se retomada pelo uso do tempo verbal pretérito imperfeito (oscilava, havia etc.), bem adequado para indicar a imprecisão de modo e lugar do que se passou.

Somando-se a isso, o "tempo-Asa" – verso 4 – vê-se nomeado e relembrado (a partir do verso 5) por meio de ter-

---

4. Sá-Carneiro, *Poesias*, cit., pp. 98-99.

mos ligados a cor, som, luz, odores etc., como se esses mesmos atributos constituíssem a sua verdadeira natureza. Embora o poeta esteja evocando um passado pessoal, distinto do presente pela plenitude de sua vivência, o modo que encontra para designá-lo diz respeito às qualidades sensoriais.

A luz desempenha aí papel importantíssimo. Associada em alguns versos à cor azul ou anil, ocupa um lugar de destaque no imaginário do poeta. Muitas vezes, aparece referida para espelhar uma sensação totalizadora e vertiginosa da realidade, guardando distância das contradições e, claro, das visões sombrias.

Ligada às alturas a que o desejo de ascensão aspira, a luz suprema acena também com a possibilidade de o sonho encontrar a carne em explosiva apoteose. Esse arremesso para o alto é o que dará contraste à dor, conforme aparece no poema "Escavação", já analisado: "Nada tendo, decido-me a criar: / Brando a espada: sou luz harmoniosa / E chama genial que tudo ousa / Unicamente à força de sonhar" (p. 34).

Quanto às cores, as coordenadas são menos evidentes. Alguns estudos desenvolvem toda uma série de conjecturas com o intuito de relacionar as que com maior freqüência lhe aparecem na obra associadas aos estados subjetivos que representam. Dieter Woll, por exemplo, dentre várias relações apontadas, assinala o caráter de emoção ligado ao roxo e ao vermelho; a autocompaixão, por sua vez, estaria referida à cor rosa; e a ternura, ao carmim.

Nessa mesma perspectiva, o dourado é visto como um símbolo soberano, que "costuma estar associado ao próprio poeta, ora o rastro que este segue, ora a sua obra"[5]. Já Iara F. Pero sugere que o azul, relacionado ao ideal, cruza-se por

---

5. Woll, *Realidade e Idealidade na Lírica de Sá-Carneiro*, cit., p. 170.

vezes com o carmim, associado ao real, e resulta no violeta, soma das duas cores precedentes representando a ordem do absoluto[6].

Sem querer questionar a pertinência de tais especulações – discussão que fugiria ao contexto presente –, o que vale salientar aqui é que, a nosso ver, também a dimensão da cor é utilizada em Sá-Carneiro como campo de dilaceramento entre ascensão e queda.

Por isso mesmo, embora em alguns momentos ele resgate a significação intrínseca de uma cor qualquer (por exemplo, quando incorpora cor e elemento no início do poema "Não": "tudo é oiro em meu rastro"), ao mesmo tempo o sujeito poético trabalha a negação e a contraposição desse sentido, com o intuito de mais bem retratar a inquietação interior.

Nessa ótica, é significativo que no mesmo poema estejam formulados versos que apostam na contradição da imagem poética, tais como: "Amarelo do medo / Que eu tinha previsto:", ou ainda: "(– Se tudo quanto é doirado / Fosse sempre um cemitério)". Para completar, quase ao final do poema, com uma constatação desolada: "Neste Palácio Real / Que os meus sentidos ergueram, / Ai, as cores nunca viveram...".

Ora, é sabido que, no ideário do simbolismo e do decadentismo, a dimensão da cor representou muitas vezes um atributo extensivo, bastante utilizada como metáfora para reforçar a qualidade dos objetos ou do ambiente. Porém, em Sá-Carneiro ela passa a ter um uso particular e distinto.

Claro que não deixa de ser um atributo a caracterizar os elementos que compõem o seu imaginário e, em alguns poemas,

---

6. Iara F. Pero, *Mário de Sá-Carneiro: A Poética da Dispersão*, Universidade de São Paulo, 1985, p. 105. Tese de mestrado.

Narciso em sacrifício

chega a ter uma realização tipicamente simbolista. Mas outras vezes a diferença se evidencia quando o colorido de uma imagem é invocado para reforçar, ou até mimetizar, os meandros da subjetividade.

A título de exemplo, quando o poeta escreve "Caía oiro se pensava Estrelas, / O luar batia sobre o meu alhear-me...", em verdade está a inverter, pelo simples uso da partícula condicional "se", a tradicional dicção simbolista. Segundo essa tradição, o recurso comparativo servirá para apropriar-se das qualidades de um objeto qualquer, como neste famoso verso de Eugênio de Castro: "Em verso vou cantar o meu Diamante preto!"[7]. Nota-se aí uma diferença sutil, mas significativa quanto à representação.

O que interessa ao nosso poeta não é propriamente a metáfora obtida por meio da comparação. Por empreender um sujeito mediado pelas sensações, seu efeito procura tocar a imaginação do leitor cruzando os aspectos subjetivo e objetivo enquanto dimensões sobrepostas e indistinguíveis.

---

7. Gomes, *Poesia Simbolista*, cit., p. 31.

VI
Da multiplicação dos sentidos (2)

Última foto conhecida do poeta, tirada em Paris.

Da multiplicação dos sentidos (2)

Ao invocar a distante melodia, o que o poeta vê perdido não é somente a plenitude desejada no contato com a realidade, mas também a ausência de índices que espelhem a sua qualidade interior. Não se distinguem, como vimos, os pontos de vista subjetivo, dando conta de uma dimensão pessoal e vivencial, e o objetivo, ligado à percepção dos sentidos. No imaginário do autor, o registro poético das sensações concebe os dois eixos em simultâneo, acionados por um sentimento comum.

Além disso, em vez de tomar a percepção por compartimentos, associados a cada um dos sentidos do corpo, o que se nota na poética de Sá-Carneiro é uma sinestesia acelerada entre as sensações, promovendo uma sugestiva ampliação de significados. Atento a um repertório múltiplo de estímulos, o imaginário do poeta processa uma variedade de sons, cores, gostos e cheiros, quase sempre em estado de movimento. Pelo anverso, representam a intimidade do poeta.

No poema "Distante Melodia", por exemplo, verifica-se isso já na quinta estrofe. Após nomear uma sucessão de sensações ligadas à audição ("balaústres de som"), ao olfato ("ogivas de perfume") e à visão ("pontes de brilho") – sensações essas entremeadas por expressões abstratas como "arcos de Amar", "domínio inexprimível de Ópio e lume" –, por fim, o último verso consagra a cor como síntese da apreensão múltipla

("Que nunca mais, em cor, hei-de habitar...").

Artes de poeta, essa mistura alucinante de impressões sensitivas que ocorre no texto apresenta ainda um caráter de síntese que só qualifica a obra de Sá-Carneiro. É notável a sua capacidade em buscar a palavra certa, o verbo exato e a tonalidade adequada para emprestar densidade e colorido a poemas tão curtos e intensivos. A vivacidade de sua poética em muito se deve a esse atrito interno de pulsões.

E porque se trata de uma poética de forte jogo metafórico, implicando uma trama semântica concisa e ágil, torna-se natural que o aspecto visual das imagens seja privilegiado em seu imaginário. Não por acaso, em seus versos, é através do olhar que a relação com o mundo real adquire dimensão de gozo ou de queda. Em "Partida" tal preceito aparece com evidência nos versos finais: "A cor já não é cor – é som e aroma! / Vêm-me saudades de ter sido Deus...".

Não será exagero, portanto, afirmar que, na poesia de Sá-Carneiro, o papel de testemunho desempenhado pelo olhar está ligado ao privilégio da representação visual, envolvendo uma trama de sentidos.

Pensando a questão nos termos pessoanos, o mundo visual percorrido pelo olhar relaciona-se com a Sensação e, à medida que o poeta a transfigura em versos, estende-lhe um halo de Sugestão. "Mastros quebrados, singro num mar de Ouro / Dormindo fogo, incerto, longamente...", diz o poeta num dos momentos em que a apoteose do sujeito fixa um contorno dourado e visual. Ao mesmo tempo, a visualidade nomeada sugere um dado de Construção para o leitor, de modo a nele despertar um conjunto de sensações próximas.

Assim, quando o poeta consegue alcançar uma representação sensorial de si mesmo que dê conta de figurar a desarticulação pessoal – reforçando o contraste entre eu e mundo –,

Da multiplicação dos sentidos (2)

passa ele a identificar-se com a representação sem que se faça necessário fazer referências ao cotidiano imediato. Coerente com esse princípio, o movimento de sensações que Sá-Carneiro articula em suas imagens poéticas cumpre, por si, o papel de uma figuração dramatizada.

Esse aspecto torna-se ainda mais relevante se lembrarmos o jogo de contrastes, oxímoros e hipérboles que desenham a "cena" de seus poemas. Do mesmo modo, a ênfase no movimento, o apoio contínuo da cor e a volúpia visual, aceleradas entre si, suscitam uma espécie de multiplicação dos sentidos – a dor transformada em uma mandala de versos que arrebata a atenção do leitor.

Novamente, voltamos à idéia de que a dispersão sensorial proposta se apresenta como *espetáculo*. Resume-se nessa palavra uma chave para entender as opções do poeta pela configuração plástica e visual da vivência subjetiva dilacerada.

A reforçar esse argumento, há muitos trechos de suas cartas. Em uma delas, escrita quando finalizava o conjunto a ser reunido no livro *Dispersão*, o autor descreve, a partir dos títulos, alguns dos poemas que ainda eram desconhecidos por Pessoa. Nessa passagem, cuja citação será inevitavelmente longa, é importante observar o modo dramático, quase "cênico", como ele trata dos poemas:

"**Mentira** – Não é nas outras pessoas só que eu me engano, é também em mim próprio. Corro para uma aventura. Tudo está certo. E ela não me acontece. O mesmo sucede comigo próprio dentro de mim. Olho para as coisas que crio, julgo-me príncipe. Mas olho-as mais de perto: todas se dispersam, não **são** também; pelo menos não creio nelas. (Isto não se pode explicar, só executar.) Não só não me **acontece** a realidade como também não me **acontece** a fantasia.

"**Rodopio** – Volteiam dentro de mim as coisas mais heterogêneas
[...]
"Descrever a angústia de apanhar tudo quanto possa; o que é impossível. Cansaço, mãos feridas. [...]
"**Como Eu não Possuo** – O que eu desejo, nunca posso obter nem possuir, porque só o possuiria **sendo**-o. Não é a boca daquela rapariga que eu quisera beijar; o que me satisfaria era sentir-me, **ser-me** aquela boca, ser-me toda a gentileza do seu corpo agreste (gosto muito deste número).
"A **Queda** – A descrição de uma queda fantástica, onde enfim jazo **esmagado sobre mim próprio**"[1].

Neste trecho, representativo de um momento crucial de sua obra, quando Sá-Carneiro se preparava para assumir-se publicamente como poeta, observa-se um revolver próximo de adjetivos e substantivos (em ressonância com os planos de realidade e fantasia, objetividade e subjetividade), sempre a prenunciar o efeito "espetacular" de sua poesia.

Percebe-se já na descrição do poema "Mentira" a expectativa de que o *acontecimento* ligado ao espaço externo é o que efetivamente pode dar conta das sensações. Do mesmo modo, a caracterização "dramática" da angústia ligada a cansaço e mãos feridas (em "Rodopio") e a impossibilidade de se transformar na boca de uma rapariga (em "Como Eu não Possuo") acabam por instaurar a espetaculização de um sujeito cindido.

Uma vez mais, evidencia-se aqui o propósito de Sá-Carneiro de tornar visível (e sensível) o seu estado de alma: por meio da multiplicação de sensações o sujeito poético se lança à aventura.

*

---

1. Sá-Carneiro, *Cartas a Fernando Pessoa*, cit., vol. 1, pp. 118-119.

Da multiplicação dos sentidos (2)

A impossibilidade de tocar o sentido do absoluto e o resultante declínio para a condição da dor implicam ainda uma relação específica com a idéia de temporalidade. O experimento dos sentidos produz um tempo próprio de desenvolvimento interno do poema, que se relaciona simultaneamente com o fluxo histórico, impessoal. A poesia – ao modo de um relógio que funciona pelo entrecruzar de ponteiros, unidos em torno ao sujeito poético – abre-se por fim a uma atenção especial: o olhar para o tempo.

Que olhar é esse? É o que iremos perceber a seguir, atentando para o movimento de um de seus mais belos poemas:

ESTÁTUA FALSA

Só de oiro falso os meus olhos se douram;
Sou esfinge sem mistério no poente.
A tristeza das coisas que não foram
Na minh'alma desceu veladamente.

Na minha dor quebram-se espadas de ânsia,
Gomos de luz em treva se misturam.
As sombras que eu dimano não perduram,
Como Ontem, para mim, Hoje é distância.

Já não estremeço em face do segredo;
Nada me aloira já, nada me aterra:
A vida corre sobre mim em guerra,
E nem sequer um arrepio de medo!

Sou estrela ébria que perdeu os céus,
Sereia louca que deixou o mar;
Sou templo prestes a ruir sem deus,
Estátua falsa ainda erguida ao ar...[2]

---

2. Sá-Carneiro, *Poesias*, cit., pp. 66-67.

109

Narciso em sacrifício

É esclarecedora a interpretação que Wolfgang Kayser fez do poema, com o intuito de exemplificar a investigação do estilo de um poeta. No que diz respeito ao tempo, a conclusão do crítico é que "o emprego dos verbos no presente exprime o caráter duradouro das experiências, ou seja, o seu caráter intemporal". Essa visão estaria reforçada ainda pelo paralelismo de versos em que "cada fato é apresentado com a maior economia de requisitos: sujeito, predicado e, geralmente, complementos circunstanciais de lugar. Não há inversão ou outro meio qualquer que torne a construção afetada, ou que sublinhe qualquer parte da frase: o caráter de frase é dum efeito absoluto; o que interessa é a exposição objetiva dos estados"[3].

Kayser aponta ainda uma série de características quanto ao emprego de adjetivos, substantivos e verbos intransitivos – dispostos em forma paralelística –, de modo a corroborar o sentimento geral expresso no poema. A coerência da sua interpretação estaria em associar a intemporalidade expressa nos versos de Sá-Carneiro com a ânsia de absoluto que o estimula.

Como traço principal, o crítico aponta a configuração de uma impotência condizente com o sujeito poético, e que aparece anunciada nos termos de uma "esfinge sem mistério no poente". A impressão geral seria, portanto, a de um ritmo interno a espelhar o sentimento de incompatibilidade, expresso também pela contorção acentuada de sons e imagens dos versos – espécie própria de tortura.

Esta é de fato uma das possibilidades de retomar o drama do poeta e reconhecer-lhe pela versificação a magnitude desfigurada de uma estátua falsa. Em meio ao urdimento dos

---

3. Wolfgang Kayser, *Análise e Interpretação da Obra Literária*, Coimbra, Arménio Amado Editor, 1958, vol. 2, p. 167.

Da multiplicação dos sentidos (2)

versos, o elemento temporal desempenha papel constitutivo, pois é também pondo a face sobre o fluir do tempo que um poema fixa o desenho das imagens.

No entanto, identificamo-nos mais com uma variante interpretativa deste tópico.

A nosso ver, a ausência de aspecto temporal ou a intemporalidade anotada por Kayser no conteúdo do poema – que, de resto, deixa dúvida sobre se a intemporalidade se relaciona ao transitório da vivência do sujeito ou, pelo contrário, ao seu registro eterno e perene – poderá também ser compreendida sob uma outra ótica: a da *presentidade contínua*.

A justificar essa leitura, percebemos quinze vezes utilizada no poema a conjugação verbal em tempo presente – num total de apenas 16 versos –, contra apenas duas conjugações em tempo passado (no terceiro e no quarto versos da primeira estrofe). No interior desse confronto, há ainda o verbo ser três vezes empregado no tempo presente.

Além disso, a idéia de *continuum* do emprego verbal é reforçada pelo uso da quase totalidade dos verbos em sua forma intransitiva ou pronominal ("douram", "quebram-se", "estremeço", "corre" etc.), resultando num paralelismo que confirma a coesão do poema. Sintomaticamente, por cinco vezes os verbos estão conjugados em primeira pessoa, referin-do-se ao sujeito do poema.

Por isso, acreditamos que a imutabilidade temporal de "Estátua Falsa" – em consonância com a poética do autor – deixa de ser a expressão de uma "indiferença absoluta do sujeito que fala", conforme ressaltado por Kayser, para configurar, antes, um sujeito subjugado e impossibilitado de existir uno. Sua experiência subjetiva afirma-se, em verdade, por meio da insuficiência, condição "falsa" ligada a um devir.

A contingência de falsidade da estátua imaginada teria sua gênese num passado mítico e gerador, impedindo o presente de superar-se: "A tristeza das coisas que não foram / Na minh'alma desceu veladamente". Nesse sentido, acompanhando uma formulação de Bachelard sobre o tema, somos levados a entender que o poema de Sá-Carneiro "destrói a continuidade simples do tempo encadeado para construir um instante complexo, para unir sobre esse instante numerosas simultaneidades"[4]. Ora, a opção estilística pelo paralelismo entre verbos e construções frasais bem pode ter no cerne a ênfase de um instante enredado em sensações.

A complexidade desse instante adviria ainda do revelar contínuo de imagens que se desdobram em mutações variadas e inesperadas ("espadas de ânsia", "gomos de luz", "estrela ébria", "sereia louca"), mas que reafirmam – como forma de gozo profético – o sujeito esvaziado.

A fluência contínua do presente ganha assim um sentido revelador. Dela não resulta propriamente o movimento do salto do sujeito para a perspectiva do eterno – a refugiar-se na irrefutabilidade do intemporal. Ao contrário, o que tece o instante desdobrado relaciona-se com o sentimento de ruptura, anúncio de um tempo que podia ser e que, frustrado, não chega a vingar.

Numa projeção radical dessa condição, a dimensão temporal, na qualidade de extensão infinita que é, serve para representar o sujeito aprisionado ao instante decaído. Não há redenção possível. E o absoluto, tornado impossível, permanece longínquo.

Em outras palavras: o "tempo vertical" mantém presente a consciência de uma ambivalência excitada pelo advento das

---

4. Gaston Bachelard, *La Intuición del Instante*, Buenos Aires, Siglo Vinte, 1973, p. 115.

Da multiplicação dos sentidos (2)

sensações. Essa ambivalência, por sua vez, está no cerne da identidade do poeta, cujo estigma revela-se no primeiro verso: "Só de oiro falso os meus olhos se douram". Não sendo possível fugir a tal circunstância, resta-lhe a possibilidade de encarnar uma dor que não cessa[5].

Sabemos que em Sá-Carneiro esse tipo de imaginário constitui um mote constante. É comum nele que o sujeito poético se retrate em tintas desdouradas. Tal condição, por sua vez, remete a uma sucessão de lamentos – tratados muitas vezes na forma da conjugação presente dos verbos – em que a constatação da queda termina também por denunciar a perda ou a ausência de historicidade para o sujeito. Esta torna-se, com efeito, a razão última da relação do poeta com a idéia de tempo.

Dentro desse raciocínio, o passado estaria ligado à ordem da vontade que arremete o sujeito para o absoluto. No entanto, o rompimento desse elo (fraturando a ascensão do desejo) inaugura uma presentidade em que a história pessoal vê-se reduzida a um único ponto a ser continuamente revisitado: *o tempo vertical da queda.*

O ritmo de repetição e os paralelismos da linguagem guardam assim uma estreita relação com a estanque oposição entre passado, presente e futuro. Não havendo fluidez entre as esferas, desdobra-se para o poeta o tempo de uma interioridade que é simultaneamente narcísica e autodestrutiva.

Por meio dessa postura, delineia-se um sentido de recuperação, às avessas, de inscrição na História. O instante é tomado

---

5. É importante a afirmação de Bachelard, nesse sentido, ao dizer que "o instante poético obriga o ser a valorizar ou a desvalorizar. No instante poético, o ser sobe ou desce, sem aceitar o tempo do mundo que levaria a ambivalência ao ponto de antítese, a simultaneidade a transformar-se em sucessivo" (*ibidem*, p. 117).

Narciso em sacrifício

como revelação, cuja radicalidade opõe-se ao passado e ao futuro, e funda espaço para o dizer do poeta: "Sou templo prestes a ruir sem deus". Negado o anseio primitivo de tocar o ouro das formas, o eu poético sucumbe em ansiedade, cercado por uma auréola fenecida. A partir daí, a relação com o tempo torna-se inequívoca: se ontem não foi possível lograr o desejo, hoje também não o será: "Como Ontem, para mim, Hoje é distância".

Se antes não se pôde engendrar o brilho absoluto, a desencadear o princípio ativo do "eu" em relação ao seu destino, a dimensão do agora (tempo presente) transforma-se em martírio revolvido por imagens sucessivas. A cada verbo conjugado, praticamente a cada frase, renova-se a visão dessa derrota.

Já não permanecem, então, resíduos de mistério no interior da esfinge. Embora o percurso das sensações seja o da vertigem no corpo, a impressão final é de imobilidade: estátua falsa, erguida no ar.

*

Porém, cabe ainda um alerta: a presentidade contínua desenvolvida nos versos de Sá-Carneiro não se constrói de maneira aleatória. Verticalizando o instante, guarda um sentido que aponta para a ordem do exemplo. Quer dizer, é como se o subtexto de sua voz sibilasse-nos durante a leitura uma mensagem subliminar: "presencia o meu suplício, leitor, enxerga no conflito destas forças a desordem da vida que nos pertence". Esse sussurro final é a metáfora que, com a atenção colada à página, poderíamos depreender.

Indo direto ao ponto: a nosso ver, a poesia de Sá-Carneiro visa como que resgatar o sentido profético das lendas antigas. Nelas, a figura da Sibila representava o ser elevado a uma condição transnatural, que lhe permite comunicar-se com o divino e

Da multiplicação dos sentidos (2)

encaminhar-lhe as mensagens: é o possuído, o profeta, o eco dos oráculos, o instrumento da revelação, conforme podemos ler num dicionário de símbolos[6].

No caso de nosso autor, diferentemente, não se trata de predizer o futuro.

O que ele desenvolve em seus poemas não trata de um sentido de previsão da História, mas sim de imagens relacionadas à revelação de uma condição primitiva, em que impera a dor original do paraíso perdido. De modo agudo, o que o poeta persegue é o evisceramento da circunstância essencial, procurando representá-la numa expressão de talhe moderno.

No famoso texto que Pessoa escreveu sobre a morte do amigo – e publicou na revista *Athena* somente oito anos depois, em novembro de 1924 –, não terá sido por acaso que fez a evocação de um dito da sabedoria grega para aproximar-se da radicalidade representada naquela vida e obra. "Morre jovem o que os Deuses amam", principia ele, para em seguida ressaltar o caráter de genialidade de Sá-Carneiro, e a conseqüente fatalidade:

"Mas, o amor dos deuses, como por destino não é humano, revela-se em aquilo em que humanamente se não revelará amor. Se só ao gênio, amando-o, tornam seu igual, só ao gênio dão, sem que queiram, a maldição fatal do abraço de fogo com que tal o afagam"[7].

O poeta toma o fogo aos deuses e o resgata em palavras, traz para o centro da sua vivência o fluxo de tudo o que lhe pareça vital. Já vimos, pelo configurar das sensações nos poemas, quanto o significado do transnatural percorre a percepção

---

6. Jean Chevalier & Alain Gheerbrant, *Dictionnaire des Symboles*, Paris, Sheghers, 1974, vol. 4, p. 203.

7. Fernando Pessoa, *Fotobiografia de Mário de Sá-Carneiro*, Lisboa, Quimera, 1988, p. 237.

dos sentidos. O espetáculo plástico e visual de seus versos não leva em conta os determinantes da carne. Metáforas se multiplicam em liberdade. Vencendo as limitações físicas, o corpo serve de instrumento simbólico para tornar palpável a inquietação das sensações transfiguradas em versos.

À maneira das sibilas, que proclamavam suas mensagens sob a forma de enigmas a ser decifrados, Sá-Carneiro dá voz a um eu poético que, siderado em torno ao movimento das imagens, goza o horizonte da profecia. Isso encontra paralelo ainda na biografia do poeta, com a antevisão do suicídio presente desde cedo em seus textos e cartas. A dimensão profética de seu estado de alma firma-se não de maneira deliberada e evidente, mas deflagrada no interior da articulação de imagens – tomadas, em última análise, como sinais de uma conseqüência maior e dramática.

No poema "Rodopio", por exemplo, há toda uma sucessão de elementos e visões desencadeada a partir da primeira estrofe: "Volteiam, dentro de mim, / Em rodopio, em novelos, / Milagres, uivos, castelos, / Forças de luz, pesadelos, / Altas torres de marfim". A vertigem estonteante desse rodopio multiplica-se nas estrofes seguintes, reforçadas pelo uso insólito de verbos e complementos, tais como: "zebram-se armadas de cor", "virgulam-se aspas em vozes", "ruem-se braços de cruz" etc. Por fim, a tensão acumulada em alto grau culmina num espasmo último: "tantas, tantas maravilhas / que não se podem sonhar!...".

Semelhante às manifestações das pitonisas arcaicas, o destino do poeta anuncia-se por fragmentos, cuja articulação se encadeia no suceder dos versos. Rodopios por meandros, desafios agudos retomam profeticamente a condição humana impedida de sonhar.

Distinto, mais uma vez, da fórmula do poeta fingidor – que renderia tantos dividendos à obra pessoana –, Sá-Carneiro

Da multiplicação dos sentidos (2)

engendra uma vivência poética em que não cabe a suposta dualidade entre sujeito e objeto. Nele, é como se a primeira pessoa, contraditória e difusa, ressoasse em uníssono as duas modalizações: o sujeito toma a face do objeto e o objeto recebe a luminosidade do sujeito.

Colocado no centro de um rodamoinho que leva à multiplicação de sentidos, dando passadas no tempo a confirmar uma fatalidade contínua, o colorido dos contrastes e a contínua vertigem das imagens servem para ressaltar o movimento presentificado (e profético) das sensações.

Os versos sucedem-se numa harmonia de palavras – contraditória com a desarmonia do sujeito – como se fossem feixes a irradiar-se de uma dor aureolar e central.

Do ritual de si mesmo

CAFÉ RICHE
—
TÉLÉPHONE { GUTENBERG 60-53
3 LIGNES { CENTRAL 96-29

BOULEVARD DES ITALIENS, 16
PARIS (9ª)

18 abril 1916

Unicamente para comuni-
car convosco, meu querido
Fernando Pessoa. Escreva-
me muito — de joelhos lho
supplico. Não sei nada, nada,
nada. Só o meu egoismo
me podia salvar. Mas tenho
tanto medo da ausencia.
Depois — para te do poder, não
valia a pena tanto escocear.
Doido! Doido! Doido! Tenha
muito pena de mim.

Carta derradeira de Sá-Carneiro a Fernando Pessoa, expressando o desabafo (e a súplica) final.

Do ritual de si mesmo

Sensações. Narcisismo. Dispersão dos sentidos. Muitas foram as voltas em torno aos versos de Sá-Carneiro para que, nestas páginas finais, estejamos livres para considerar o nosso autor à luz de uma ótica "exterior" ao seu imaginário. Já na epígrafe limiar deste livro, os versos de Álvaro de Campos alertam para o *punctum*: "De que serve uma sensação se há uma razão exterior para ela?"

Em Fernando Pessoa, a criação de vozes literárias distintas, na forma dos heterônimos, respondeu de maneira altamente original ao impasse vivido pela geração modernista, sobretudo envolvendo o equilíbrio entre razão e sensibilidade. Para escapar das armadilhas do fingimento, multiplicou-se em poéticas diversas e autônomas, resultando numa obra altamente sugestiva.

Para o amigo, no entanto, a "razão exterior" tem um caráter unívoco e visceral. Sabemos que ele pertence a uma categoria de poetas (boa parte das vezes, jovens) em que a poesia nasce a partir de raízes subjetivas, sem dúvida, mas ambiciona ao mesmo tempo imprimir aos versos um testemunho único, que visa repercutir na sensibilidade do leitor, em som e sentido.

A questão a colocar, portanto, diz respeito à motivação externa peculiar à poética de Sá-Carneiro. Que alteridade estabelece ele com o seu espelho-leitor? – seria o caso de indagar, sabendo que a figura do leitor corresponde igualmente ao espectro social que ronda a leitura.

De partida, cabe relembrar que os seus poemas são portadores de uma melancolia típica da lírica moderna, característica (quase sempre) associada a um sentimento de fracasso.

Theodor Adorno, que tratou do tema e escreveu um clássico ensaio sobre lírica e sociedade[1], argumenta que a imaginação poética moderna costuma levar em conta, de um lado, a expectativa social – desejosa de que a lírica seja a portadora de uma palavra "virginal", livre da coerção objetiva – e, de outro, a expectativa do poeta, ansioso por afirmar uma singularidade expressa na linguagem.

A convergência dos fatores, por sua vez, possibilita uma espécie de tensão germinadora do ato literário.

Em resposta a tal contexto, surge a expressão *sui generis* de cada autor, assentada em versos, e representando uma experiência que transcende a mera individualidade. Cumpre à linguagem ser o elo que representa, transfigura aos olhos de quem lê, a vivência (e o drama) particular. Dito em outros termos: à lírica compete uma forma própria de representação.

Essa visão adorniana, quando sobreposta à figura de Sá-Carneiro, permite uma ampliação no entendimento da sua poesia. Como já foi dito, uma série de evidências em sua obra aponta para uma forte identificação entre o movimento das imagens e a situação subjetiva, donde a razão última da expressão estaria associada a uma visão maiúscula e hiperbólica da condição do *sujeito*.

---

1. Theodor Adorno, "Lírica e Sociedade", *Os Pensadores*, São Paulo, Abril, 1975.

Do ritual de si mesmo

Ao "cristalizar" a ansiedade através de imagens, a dimensão particular ganha autonomia e passa a configurar o que Adorno define como "o auto-esquecimento do sujeito, que se abandona na linguagem como algo objetivo"[2]. Pois bem, o que decorre em Sá-Carneiro é justamente esse auto-esquecimento, que sugere uma vivência depreendida do real e ao mesmo tempo é inspirada por uma alta consciência da materialidade lingüística.

Nos seus poemas, a ênfase no "espetáculo das sensações" acaba por reforçar a autonomia de imagens que, ainda que estejam proferidas por um eu particular, tocam o outro pela essência do drama. Estimulado por esse intuito, o poeta transmuda em palavras os efeitos de sinestesias múltiplas, procurando dar conta de um clamor que o transcende.

De imediato, somos levados a pensar que o solipsismo do poeta intenta apenas colocar o "eu" no centro das evidências. Mas não é bem assim. Em verdade, a experiência poética levada a cabo, ao configurar um espetáculo de imagens representativo de uma subjetividade, deixa como rastro final a negação do sujeito[3].

O que surge diante de nossos olhos, na condição de receptores dos seus poemas, conforma um desenho de emoções e sensações ligadas a "um desespero a equilibrar-se apenas no ponto do próprio paradoxo", segundo a feliz definição de Adorno[4].

---

2. *Ibidem*, p. 206.

3. João Gaspar Simões, na introdução à obra poética do autor, toca nessa questão, sem mais aprofundar-se. Segundo ele, o sujeito, em Sá-Carneiro, "não tem consciência de si mesmo: procura-se a si próprio, mas não se encontra. Onde devia estar o *sujeito*, está o nada, está o caso".

4. *Os Pensadores*, cit., p. 207.

Confrontado com o plano social, o sofrimento pelo qual o sujeito poético se afirma – às avessas, como padecimento – guarda o sentido intrínseco de recusa da sociedade. Assim, a degradação do sujeito, que a poesia testemunha em forma de lamento, reforça ao mesmo tempo a negação das relações tornadas "naturais" na vida corriqueira, tomado que está pelo sentimento de que não aceita e nem suporta a condição humana.

O fundamento paradoxal do desespero, que à primeira vista sugere restringir-se à dimensão individual, acaba reforçando-se também através da negação geral da sociedade. Ao ver-se negado como sujeito, o poeta nega por conseqüência o horizonte do coletivo; o jogo da polarização propaga-se a níveis além do particular e ganha uma qualidade simbólica especial.

Efeito desse tipo pode ser observado diretamente num dos poemas notáveis de sua obra, transcrito a seguir:

QUASE

Um pouco mais de sol – eu era brasa,
Um pouco mais de azul – eu era além.
Para atingir, faltou-me um golpe de asa...
Se ao menos eu permanecesse aquém...

Assombro ou paz? Em vão... Tudo esvaído
Num baixo mar enganador de espuma;
E o grande sonho despertado em bruma,
O grande sonho – ó dor – quase vivido...

Quase o amor, quase o triunfo e a chama,
Quase o princípio e o fim – quase a expansão...
Mas na minh'alma tudo se derrama...
Entanto nada foi só ilusão!

Do ritual de si mesmo

De tudo houve um começo... e tudo errou...
– Ai a dor de ser – quase, dor sem fim... –
Eu falhei-me entre os mais, falhei em mim,
Asa que se elançou mas não voou...

Momentos de alma que desbaratei...
Templos onde nunca pus um altar...
Rios que perdi sem os levar ao mar...
Ânsias que foram mas que não fixei...

Se me vagueio, encontro só indícios...
Ogivas para o sol – vejo-as cerradas;
E mãos de herói, sem fé, acobardadas,
Puseram grades sobre os precipícios...

Num ímpeto difuso de quebranto,
Tudo encetei e nada possuí...
Hoje, de mim, só resta o desencanto
Das coisas que beijei mas não vivi...

....

Um pouco mais de sol – e fora brasa,
Um pouco mais de azul – e fora além.
Para atingir, faltou-me um golpe de asa...
Se ao menos eu permanecesse aquém...[5]

Como em outros textos do autor, o poema tematiza a impossibilidade de tocar o absoluto. O ideal mobilizado pelo desejo – o grande sonho – acaba repetidamente interrompido, à falta de um "golpe de asa". Resta o desencanto de uma iniciativa que não encontrou termo. A poesia, dando voz a um sujeito que declina em frustração permanente, registra

———————
5. Sá-Carneiro, *Poesias*, cit., pp. 68-69.

sob o signo do "quase" o contraste que opõe a perspectiva da ilusão sensorial à fatalidade da "falha", do vôo inicial interrompido. O que se verifica é a repetição de um suplício já conhecido em outros versos.

Anteriormente, identificamos a matriz de Narciso como gênese de uma identidade que se projeta na forma de imago impossível de ser concretizada. Do ponto de vista da expressão individual, essa é sem dúvida uma fonte rica para o seu entendimento. Mas talvez não seja suficiente, quando os poemas passam a circular num plano coletivo. É o caso, então, de acionar um grão de dúvida: se o que temos diante de nós é um sujeito, cuja dicção organizada em decassílabos nomeia o desespero colorido e o fracasso do sonho ideal, que sentimento acompanha essa representação?

E a resposta a essa questão pode vir conflagrada num só termo: o sacrifício. Nesta palavra reside o significado redundante e obsessivo que percorre a atitude de Sá-Carneiro, reforçando a sinalização recorrente de sua queda. O que deparamos no conjunto de seus poemas é um sujeito que, pela poesia, perpetra o próprio sacrifício como visão a ser oferecida ao leitor, vale dizer, para o ato da leitura. "Num ímpeto difuso de quebranto,/ Tudo encetei e nada possuí..." diz o poema em seu momento de síntese.

Mais do que circunstância ligada a razões objetivas, o sacrifício coloca-se como uma sina interior ao sujeito poético. É sob esse ângulo que Sá-Carneiro pactua com a insatisfação que satura a poesia do seu tempo e, simultaneamente, encontra expressão narcísica para o drama pessoal. O ato sacrifical – figurado em detalhes por meio do volteio da expressão poética – constitui marca que dá singularidade ao sujeito. A partir desse gesto, não há possível retorno. Depois do "quase", a frustração se instala. E a perda se traduz em dor num *continuum* atormentado.

Do ritual de si mesmo

Tormento e sacrifício podem ser tomados como sinônimos, ressaltada a diferença de que o gesto de sacrifício guarda um sentido que supera o plano individual. Há um quê de voluntário nesse ato que termina por extrapolar o círculo da solidão, para afinal atingir o outro. Instaura-se um vislumbre que se projeta para o coletivo.

Lembre-se ainda que o sujeito do sacrifício anuncia uma renúncia que, em paralelo, inscreve o sonho desejado[6]. Sob a luz desse ato, expandem-se as dores individuais até um limite que atinge o círculo do social, já que a ansiedade central mobiliza-se com o ensejo de "significar" – e significar para quem, senão para o outro, para o leitor, para o olhar alheio? O poeta inscreve, esculpe versos de um sofrimento que liberta a imagem de seu lugar no mundo.

Paradoxalmente, quanto maior for o suplício, tanto mais alto estará projetado o horizonte do ideal: "Ogivas para o sol – vejo-as cerradas", diz o testemunho do poeta, acenando à luz distante, mas deixando intacta a carga do símbolo. Desse modo, a oposição de imagens em Sá-Carneiro, se não permite afirmar que aciona um fundamento falso, tem como objetivo principal armar o efeito do contraste. A extensão da diferença entre sujeito e mundo ergue-se como um arco tenso que sustenta a incompatibilidade dos opostos.

Mas nem sempre terá sido assim. No passado imaginário reside a memória do encontro, da identificação e submersão do eu no todo, despertando a visão do sonho e a atração desejante.

---

6. Do ponto de vista simbólico, o dicionário apresenta a seguinte definição para o termo: "o sacrifício está ligado à idéia de uma transformação, ao nível da energia criadora ou da energia espiritual. Quanto mais o objeto material ofertado é precioso, mais potente será a energia espiritual recebida em retorno" (Jean Chevalier & Alain Gheerbrant, *Dictionnaire des Symboles*, cit., p. 138).

Narciso em sacrifício

O "quase" distingue essa possibilidade de ascensão, mas a subseqüente "queda" inaugura a profundidade da dor e do suplício.

Uma trajetória cindida é o que a lírica da dispersão projeta para o campo do leitor. À luz das páginas lidas, o que o poeta nos anuncia é uma vivência sombria, procurando desvelar "algo de essencial, algo do fundamento de sua qualidade"[7], nos dizeres de Adorno. Sem referir-se de modo direto à esfera social, Sá-Carneiro urde um feixe de imagens siderado em torno a um sacrifício que aparece como retrato do seu tempo e das "razões exteriores" que impõe.

Por isso mesmo – de volta a argumento já explicitado –, o cerne escolhido para animar essa exemplaridade fica sendo o espetáculo das sensações. Colocadas no horizonte da punição corporal, as sensações alcançam a objetividade de serem para o outro a imagem visível da dor, ao mesmo tempo que brotam no interior do sujeito, submisso à negação dos desejos. Espaços, cores, luzes, sons – arrolados no delírio – são reunidos pela perspectiva do olhar como uma vertigem que coloca o poeta ante seu destino: "Um pouco mais de sol – eu era brasa, / Um pouco mais de azul – eu era além. Para atingir, faltou-me um golpe de asa... / Se ao menos eu permanecesse aquém...".

Em face do poema, o que se presencia não é a lição moral e conclusiva de uma derrota aceita, mas a movimentação multiplicada de sentidos que representa o embate. "Rios que perdi sem os levar ao mar", os fluidos das sensações tornam visível ao leitor a radicalidade do sacrifício.

Portanto, o desespero da voz lírica, ao mesmo tempo que toca o paradoxo, ganha a positividade de dizer, de espelhar-se para o outro – o leitor, o social, como se quei-

---

7. Adorno, *Os Pensadores*, cit., p. 201.

Do ritual de si mesmo

ra –, dando voz a uma tensão estabelecida entre a mônada do sujeito e a circunstância coletiva. Uma vez mais deparamos com o desenlace da atitude heróica na contingência da expressão poética.

E se é verdade que o toque heróico sempre inspirou a poesia, aparecendo em poetas os mais díspares, em estilos e momentos os mais diversos, a heroicidade que cumpre à poesia moderna ajusta-se com a negação do plano social. Uma negação, diga-se de passagem, inscrita na mesma proporção em que o sujeito se revela fustigado e violentado nos seus desejos.

À luz desse heroísmo, o sacrifício anima o sopro mobilizador da expressão. Aquele "quase", do que não pôde ser levado a termo, deixa gravado nas entrelinhas do poema a extensão do sonho procurado. Anunciando descidas que dimensionam alturas, o poema projeta um arco amplo: "um pouco mais de sol – e fora brasa, / um pouco mais de azul – e fora além".

Na condição de leitores, testemunhamos o padecimento do poeta sob alta tensão. Sabemos que a aflição que lhe agita a carne é nossa também, já que de algum modo estamos tocados pela ordem do sonho. Uma contradição que palpita reveladoramente, eis o que as páginas de seus poemas inseminam em nossas mãos.

Somos arremessados para o interior de um sacrifício que adere aos nossos olhos. É isso o que o poeta português solicita do seu leitor, ou mesmo da sociedade: a comunhão com o desejo de subir e o testemunho de um fracasso involuntário. Seus versos colocam em movimento os pólos interdependentes dessa recorrente contradição.

*

129

Narciso em sacrifício

Em carta a Fernando Pessoa, de junho de 1914, ele define o seu estado de alma como "morto – mas vivo 'por velocidade adquirida'"[8]. Em 31 de março de 1916, quando a idéia de morte mais se fixava em suas palavras, confidencia o ânimo desesperado:

"Eu não me mato por coisa nenhuma: eu mato-me porque me coloquei pelas circunstâncias – ou melhor: fui colocado por elas, numa áurea temeridade – numa situação para a qual, a meus olhos, não há outra saída"[9].

Ou ainda, algumas linhas adiante, quando diz:

"Hoje vou viver o meu último dia feliz. Estou muito contente. Mil anos me separam de amanhã. Só me espanta, em face de mim, a tranqüilidade das coisas... que vejo mais nítidas, em melhor determinados relevos porque as devo deixar brevemente".

Até chegar ao desabafo final e conclusivo: "Não me perdi por ninguém: perdi-me por mim, mas fiel aos meus versos"[10].

O suicídio, provocado por uma dose de estricnina no dia 26 de abril do mesmo ano, às oito horas da noite, na penumbra de um quarto do Hotel Nice em Paris, desfere o "golpe de asa" derradeiro. Enviado um bilhete enigmático a um amigo parisiense, correndo-lhe no sangue o calor de algumas poucas amizades, desfecha o poeta o rito final da metáfora perseguida: indícios de oiro são ofuscados pela sombra da Morte.

Em sua carta final a Pessoa, as palavras já ressoavam de outra margem:

"Não sei nada, nada, nada. Só o meu egoísmo me podia salvar. Mas tenho tanto medo da ausência. Depois – para tudo perder, não valia a pena tanto escoucear. Doido! Doido!

---

8. Sá-Carneiro, *Cartas a Fernando Pessoa*, cit., vol. 1, p. 153.

9. *Ibidem*, p. 174.

10. *Ibidem*, p. 175.

Doido! Tenha muita pena de mim. E no fundo tanta cambalhota! E vexames. Que fiz do meu pobre Orgulho?".

Fiel ao dizer dos versos, o curso das imagens poéticas também padece a queda irrevogável. O corpo comunga com o sacrifício anunciado nas palavras; Carne e Sensação se confundem, arremessados ao mesmo destino. Coragem atormentada esta, a de conduzir vida e poesia como duas paralelas que se refletem (esquecendo-se) no ato único da linguagem.

O suicídio sacrifica, o sacrifício acena ao suicídio.

Quem sabe, regendo isso tudo esteja "a celebração de uma vitória interior" a que costuma estar associado o gesto final. Quem sabe, o suicídio com a estricnina, a produzir a cena horrível da deformação interior do corpo, tenha sido a última metáfora do poeta a mexer com as vísceras, libertando-as para o nada ou para o almejado absoluto. Quem sabe?... Não sabemos. Temos apenas as palavras como superfície dessa inquietude radical.

Sensação. Sacrifício. Suicídio...

O sibilar sonoro dos nomes pode ser musical e nos transporta ao universo de Sá-Carneiro, cujos versos e imagens revelam a face sobressaltada de sentimentos retirados às sombras. A tormenta que o poeta registra, experimentada em sentidos/significados do corpo, por extensão designa uma tempestade de sentimentos que também são nossos, os seus leitores.

Podemos "vê-los" e "senti-los" pela expressão do poeta; mas como se trata de uma condição representada em palavras, realidade segunda sobre a página, cada leitor "adere" a essa paisagem conquanto os seus olhos se abram para o espanto.

Afinal, olhar uma poética leva-nos sempre a olhar o movimento.

Posfácio

François Castex

Estamos diante de uma leitura da poesia de Mário de Sá-Carneiro dotada de um método crítico a um só tempo pessoal e objetivo: é uma das análises mais bem-sucedidas que conheço em nossos dias.

O conjunto deste estudo é dominado pelo exame do papel do Sensacionismo na obra do autor de *Dispersão*. A força da interpretação reside numa argumentação impecável que seduz o leitor. Não se trata aqui de repetir a sua análise, original por si mesma, mas de salientar que ela integra os aspectos essenciais da obra poética no quadro geral do Sensacionismo.

Os temas principais que correm ao longo dos poemas de Mário – dando forma a uma "tragédia curta e fulminante" – estão aqui presentes. Eles se abrem com o poema "Partida" e logo evocam outros pontos significativos: o "mundo exterior" e o "mundo interior", o desejo de abertura para a Europa, a coragem de proclamar o "clarão de Orfeu" e, sobretudo, a criação de uma linguagem nova capaz de traduzir um mundo de sensações.

Enfim, o dualismo fundamental de Mário quando confessa: "Nunca pude fundir o corpo e a alma". Trata-se de "um sujeito cindido" – portanto "um sujeito sacrificado" – e também vítima da "ânsia de absoluto que o estimula". Ele experimenta a "bulimia afetiva" daqueles que Boris Cyrulnik chama de "os feridos da alma".

Esse antagonismo entre o homem e o artista, no âmago mesmo da pessoa do escritor, se impõe a todos os aspectos de sua visão. Embora o homem seja um ser de relação, o poeta a considera impossível. Mário adota a visão antropológica de Platão, exato contrário da noção de pessoa presente no pensamento judaico-cristão.

Narciso – este nome não é escolhido por acaso – se encontra só diante de si mesmo, num turbilhão de sensações que o arrastam rumo à dispersão. Fernando Paixão é levado a criar "um neologismo necessário: dispersona", achado lingüístico que resume a vida e a obra do "menino ideal".

A implosão do eu empurrou ao suicídio este ser sedento de amor, de amizade e de absoluto. O poeta sabia desde o início que só o sacrifício era inelutável:

O meu destino é outro - é alto e raro.
Unicamente custa muito caro:
A tristeza de nunca sermos dois...

Com demasiada freqüência, este final trágico tem feito esquecer que Narciso não se sacrificou em vão: "Não me perdi por ninguém: perdi-me por mim, mas fiel aos meus versos". Tais palavras não são a definição de um fracasso, em oposição a um contra-senso cometido a respeito das poesias de Mário. Já Bernardo Soares confirmava "Que é o ideal senão a confissão de que a vida não serve?" Portanto, não será o absurdo a

Posfácio

última palavra de Narciso em "Sacrifício", mas o Mistério que é procura de sentido.

Daí a necessidade de ressaltar a importância da última parte deste livro: "Do ritual de si mesmo", que poderia se intitular: "Para além do Sensacionismo". Suas idéias permitiriam uma interpretação da obra em prosa, em que aparece igualmente desenvolvido o dualismo radical e onipresente de Mário, cujos títulos mais significativos são: "Salomé e a gentil companheira", "A idéia e o mundo" e "O Artista e a maioria".

Last but not least, a aproximação entre Sá-Carneiro e Pessoa desemboca na distinção entre a verticalidade do primeiro e a horizontalidade do segundo. Ao primeiro, o jorro da poesia; ao segundo, a intelectualidade.

Partindo de um estudo do Sensacionismo, esta interpretação da poesia de Mário de Sá-Carneiro atinge uma qualidade próxima da criação poética. Para defini-la, poderíamos retomar uma frase de Gilbert Durand ao afirmar: "Nos encontramos aqui no nível de uma estética metafísica para além das ciências da literatura".

Logo, *Narciso em sacrifício* sai da sombra de Fernando Pessoa!

François Castex *é especialista na obra de Sá-Carneiro, que inicialmente lhe foi apresentada pelo amigo Miguel Torga. Escreveu inúmeros trabalhos sobre o poeta português, entre os quais o estudo biográfico* Mário de Sá-Carneiro: Lisbonne 1890 – Paris 1916 *(Paris, Centre Culturel C. Gulbenkian, 1999). Atualmente reside na França.*

Título	Narciso em Sacrifício
Autor	Fernando Paixão
Projeto Gráfico da Capa e do Miolo	Suzana Laub
Diagramação	Eduardo Rodrigues
Preparação	Carla Cristina de Mello
Revisão	Ivany Picasso Batista
Formato	15 x 22 cm
Tipologia	Minion
Papel de Miolo	Pólen Soft 80g/m²
Papel de Capa	Cartão Supremo 250g/m²
Número de Páginas	135
Impressão	Lis Gráfica